U0515686

迷悟之间

喜舍

———————— 智慧之法

星云大师 著

中华书局

图书在版编目（CIP）数据

喜舍：智慧之法/星云大师著. —北京：中华书局, 2010. 6
(2016. 1 重印)
（迷悟之间）
ISBN 978 - 7 - 101 - 07314 - 0

Ⅰ. 喜… Ⅱ. 星… Ⅲ. 佛教 - 通俗读物 Ⅳ. B94 - 49

中国版本图书馆 CIP 数据核字 (2010) 第 039995 号

本书由上海大觉文化传播有限公司独家授权出版中文简体字版

书　　名　喜舍：智慧之法
著　　者　星云大师
丛 书 名　迷悟之间
责任编辑　焦雅君
出版发行　中华书局
　　　　　（北京市丰台区太平桥西里 38 号　100073）
　　　　　http://www.zhbc.com.cn
　　　　　E-mail:zhbc@zhbc.com.cn
印　　刷　北京瑞古冠中印刷厂
版　　次　2010 年 6 月北京第 1 版
　　　　　2016 年 1 月北京第 9 次印刷
规　　格　开本/889×1194 毫米　1/32
　　　　　印张 6⅛　插页 8　字数 80 千字
印　　数　48001 - 54000 册
国际书号　ISBN 978 - 7 - 101 - 07314 - 0
定　　价　25.00 元

星云

迷悟一念之间

从二〇〇〇年四月一日开始,我每日提供一篇"迷悟之间"的短文给《人间福报》,写了近四年,共一一二四篇。于二〇〇四年七月结集编成十二本书,由台湾的香海文化出版。

此套书截至目前发行量已近两百万册。曾持续被《亚洲周刊》、金石堂、诚品等书局列为畅销书,三十一位高中校长联合推荐,以及许多读书会以此书作为研读讨论的教材,不少学生也因看了《迷悟之间》而提升了写作能力等等。

由于此套书具有人间性和普遍性,深受海内外人士的喜爱,除了中文版,其他国家语言的版本有:英文、西班牙文、韩文、日文……全球各种译本的发行量突破了五十万册。尤其难得的是,大陆"百年老店"中华书局也要在二〇一〇年五月出版中文简体版,乐见此套书能在大陆发行。

曾有几位作家疑惑地问我:"每日一篇的专栏,要持续三四年,实非易事!你又云水行脚,法务倥偬,是怎么做到的呢?"

回顾这些年写《迷悟之间》的情形，确实，我一年到头在四处弘法，极少有完整的、特定的写作时间。有时利用会议或活动前的少许空当，完成一两篇；有时在跑香、行进间，思绪随着脚步不停地流动；长途旅行时，飞机舱、车厢里，更常是我思考、写作的好场所。

每天见报，是一种不可推卸的责任；读者的期待，则是不忍辜负的使命。虽然不见得如陆机的《文赋》所言："思风发于胸臆，言泉流于唇齿"，但因平时养成读书、思考的习惯，加上心中恒存对国家社会、宇宙人生、自然生命、生活现象、人事问题等等的留意与关怀，所以，写这些文章并不是太困难的事。倒是篇数写多了，想"题目"成了最让我费心的！因此，每当集会、闲谈时，我就请弟子们或学生们脑力激荡，提出各种题目。只要题目有了，我稍作思考，往往只要三五分钟，顶多二十分钟，就能完成一篇或讲理述事、或谈事论理的文章。

犹记当初为此专栏定名时，第一个想到的名称是"正邪之间"，继而一想，"正邪"二字，无论是文字或意涵，都嫌极端与偏颇，实在不符合佛教的中道精神，遂改为"迷悟之间"。我们一生当中，谁不曾迷？谁不曾悟？迷惑时，无明生起，烦恼痛苦；觉悟后，心开意解，欢喜自在。

其实，迷悟只在一念之间！一念迷，愁云惨雾；一念悟，慧日高悬。正如经云："烦恼即菩提，菩提即烦恼！"菠萝、葡萄的酸涩，经由阳光的照射、和风的吹拂，酸涩就可以成为甜蜜的滋味。所以，能把迷的酸涩，经过一些自我的省思、观照，当下就是悟的甜蜜了。

曾经有些读者因为看了《迷悟之间》而戒掉嚼槟榔、赌博、酗酒的坏习惯；也有人因读了《迷悟之间》而心性变柔软，能体贴他人，或改善家庭生活品质，甚至有人因而打消自杀的念头……凡此，都是令人欣慰的回响。

《六祖坛经》里写道："不悟，佛是众生；一念转悟，众生是佛。"迷与悟，常常只在一念之间！祈愿这一千余篇的短文，能轻轻点拨每个人本自具足的清净佛性，让阅读者皆能转迷为悟、转苦为乐、转凡为圣。

星云

二〇一〇年二月

于佛光山 法堂

星云大师传略 ··

　　星云大师，江苏江都人，一九二七年生，为禅门临济宗第四十八代传人。十二岁于宜兴大觉寺礼志开上人出家，一九四九年赴台，一九六七年开创佛光山，以弘扬"人间佛教"为宗风，树立"以文化弘扬佛法，以教育培养人才，以慈善福利社会，以共修净化人心"之宗旨，致力推动佛教文化、教育、慈善、弘法等事业。

　　在出家一甲子以上的岁月里，大师陆续于世界各地创建二百余所道场，并创办十八所美术馆、二十六所图书馆、四家出版社、十二所书局、五十余所中华学校、十六所佛教丛林学院，以及智光商工、普门高中、均头中小学等。此外，先后在美国、中国台湾、澳洲创办西来、佛光、南华及南天（筹办中）等四所大学。二〇〇六年西来大学正式成为美国大学西区联盟（WASC）会员，为美国首座由华人创办并获得该项荣誉之大学。

　　一九七七年成立"佛光大藏经编修委员会"，编纂《佛光大藏经》、《佛光大辞典》。一九九七年出版《中国佛教白话经典宝藏》，一九九八年创立人间卫视，二〇〇〇年创办佛教第一份日报《人间福报》，二〇〇一年将发行二十余年的《普门》杂志转型为《普门学报》论文双月刊，同时成立"法藏文库"，收录海峡两岸有关佛学的硕、博士论文及世界各地汉文论文，辑成《中国佛教学术论典》、《中国佛教文化论丛》各一百册等。

大师著作等身，总计二千万言，并翻译成英、日、西、葡等十余种文字，流通世界各地。于大陆出版的有《佛光菜根谭》、《释迦牟尼佛传》、《佛学教科书》、《往事百语》、《金刚经讲话》、《六祖坛经讲话》、《人间佛教系列》、《星云大师人生修炼丛书》、《另类的财富》等五十余种。

大师教化宏广，计有来自世界各地之出家弟子千余人，全球信众则达数百万之多；一生弘扬人间佛教，倡导"地球人"思想，对"欢喜与融和、同体与共生、尊重与包容、平等与和平、自然与生命、圆满与自在、公是公非、发心与发展、自觉与行佛"等理念多所发扬。一九九一年成立国际佛光会，被推为世界总会会长；于五大洲成立一百七十余个国家地区协会，成为全球华人最大的社团，实践"佛光普照三千界，法水长流五大洲"的理想。二〇〇三年通过联合国审查肯定，正式加入"联合国非政府组织"(NGO)。

大师自一九八九年访问大陆后，便一直心系祖国的统一。近年回宜兴复兴祖庭大觉寺，并捐建扬州鉴真图书馆，接受苏州寒山寺的赠钟，期能促进中国统一，带动世界和平。

大师对佛教制度化、现代化、人间化、国际化的发展，可说厥功至伟！

目　录

聪明的争议

　　聪明好不好？聪明人人希望，人人所求，怎可以说聪明不好？

　　聪明很好吗？语云："聪明反被聪明误！"三国时代的杨修，因自恃聪明，恃才傲物，最后反招来杀身之祸；冀州的田丰，力劝袁绍不要跟曹操正面作战，袁绍不听，将之打入大牢，出兵后果真大败，牢中的田丰一听，说："我命休矣！"人曰："你劝得对，袁绍一定会放了你。"田丰说："我素知袁绍为人心胸狭窄，我说错了，他或许可以容我；我说对了，他必定不肯容我。"田丰的聪明，不但没有为他带来官运亨通，反而使他冤死狱中。

　　有些人世智辩聪，对于自己某方面的聪明，没有透彻的深思，只知其一，不知其二；不能明白种种前因后果，这都不算是聪明。例如，螳螂捕蝉，自以为得手，孰料黄雀在后；黄雀自以为成功，但猎人的子弹已经射来了。

　　社会上一些作奸犯科的人，总觉得自己犯案的手法天衣无缝，所作的案件无人能知，但是天知、地知，因果知道，怎能说无人知晓呢？社会上许多所谓"智慧型"的犯案者，不都是自以为聪明，不就是聪明反被聪明误吗？

　　众生都有一个侥幸的心理，以为自己聪明，不畏惧因果。但是，就算你不知道畏因，一旦苦果来临的时候，你也不能不有所畏惧啊！所谓自私无人，就不是聪明；贪赃枉法、损人利己，就不是聪明；瞋恨嫉妒、障碍他人，就不是聪明；贪小便宜，专捡现成，自以为有所得，实际上却失去了人格道德，这就不是聪明。

　　有一个儿子在外偷盗，母亲夸赞儿子聪明有用，儿子愈偷胆子愈大，最后杀人抢劫，终于犯案累累被判死刑。所以，为人父母者，对于子女不一定只要求他聪明，应该要教育他守道德、守本分、明因果、知进退，不但不去侵犯他人、不盗占他物，进而还要随力喜舍、随缘布施，这必定能广结善缘，必能前途顺遂，这才是成功之道。

　　人，不要自恃聪明，自算、人算，不如天算！真正的聪明是在明白群我的关系，是在了解事理的融和，是在明白守法、守道的重要。聪明的人知道"豫则立"，凡事要有预备才能安全；聪明的人知道，有播种才有收成。

　　历史上，许多发动战争的人，都是自以为聪明，到最后不都失败了吗？社会上，一些人以为借贷投资创业，就可以大发一笔，到最后不都债台高筑，身败名裂了吗？有的人自以为家中有人为官，有财有势，到处可以白吃白喝，最后家道中落，一无所有，只凭聪明，又何能立身于社会呢？

　　苏东坡说："人皆养子望聪明，我被聪明误一生。唯愿孩儿愚且鲁，无灾无难到公卿。"这虽然是苏东坡对当朝的讽刺，但也说明，一个人徒有聪明才智，如果没有培养福德因缘，也是很难立身处世！甚至有的人因此郁郁终生，徒叹奈何！因此，聪明智慧的人，如果懂得广结善缘，懂得培养人和，这才是真正的聪明。

得与失

　　人的一生，不是得，就是失；形容人间事，得失而已！得中有失，失中有得，在得失之间，都过了一生。

　　金钱，有得有失；权位，有得有失；爱情，有得有失。有时此间得，彼间失；有时此时得，彼时失。有的人得而复失，有的人失而复得；得得失失，失失得得，都过了一生。

　　人都是欢喜得，不欢喜失，但是"塞翁失马，焉知非福。"有句话说：失之桑榆，收之东隅。所以《佛光菜根谭》说：有得有失的人生是非常自然的。

　　有时候，失去了金银财宝，但得到了一家人的安全；失之固然可悲，得之也能可喜。有的人得了一些酒肉朋友、冤家债主，失去了道义之交、有情有义之友，如此得失，也甚感不值。

　　周文王得到姜太公而建立周朝，奠定八百年基础；刘备得卧龙、凤雏而有天下，可惜凤雏早逝，卧龙忠心为国，也能造就三国鼎立之势。唐三藏玄奘大师得到窥基，而能将唯识宗大为发扬；惠能大师得到神会，而使南宗的大法弘传全国。

自古以来，千军易得，一将难求。有的人得一人而天下兴，也有的人得一人而江山亡，如纣王得妲己、幽王得褒姒。得失之间有好有坏，得也不一定欢喜，失也不一定可悲。如若得到的是一个败家子，不禁慨叹，不知如何是好！

大富之家，得到一个忠仆，而能保有财产，世代兴隆；大富之人，得到一只义犬，忠心守家，甚至舍命救主，使之未来发达。苏秦得到姜太公的阴符兵法，而能合纵诸侯，佩六国相印；张良谦虚卑下，获得黄石老人赐与兵法秘籍，而使他帮汉高祖打天下，出谋划策，无有不成。

说到得失，不管是得是失，都各有因缘。是我的，不必力争，自会得到；不是你的，即使千方百计取得，也会随风而逝。有时候得也不好，有时候失也不坏，得失之间，所谓各有因缘莫羡人。即使得到了，也要好好运用；失去时，只要你有足够的条件，它也会再来。

话说有一个人，舍命救人，对方为报恩而送他一条破毛巾，说明这条毛巾能够帮他成就所愿。有一天洗手后，顺手用破毛巾擦手，忽然现出一个金盆，此人一看有了金盆，随手便把破毛巾丢弃，哪知刹时金盆也消失了，后经指点，再把毛巾捡回，金盆果然又再出现，此人赶快把毛巾放入金盆中，从此保有金盆。此中说明，旧的东西不可弃，得到了也不能忘记来路，也就是说，做人不能过河拆桥。

　　人生，失去了金钱、资用，会有再来的时候；失去人格、道德，不容易恢复。尤其，得人容易，得人心难；得人心难，失人心容易。得失之间，富含人生哲理也。

职务伦理

我国是一个重视伦理道德的国家，自古以来，即使十岁小娃登基做了皇帝，皇叔、皇伯一样要向小辈的皇帝行三跪九叩之礼，因为在亲情伦理之外，还有职务伦理。

到了现代，儿子做了公司的董事长，叔叔、伯伯、阿姨当总经理，对于董事长的命令指示，不能不接受，更不能以长辈自恃反驳，不然公司就天下大乱了。尽管平时论辈分，谁大谁小，都有伦理；家庭中有伦理，工作上也有职务伦理，就如古代的君臣之礼，不能缺少一点。

国际佛光会巴黎协会曾有过这么一段趣事，女儿是分会会长，爸爸是副会长，妈妈是秘书长，结果选出之后成为大众的笑谈，但是这一家人无论开会，或是工作，都分得一清二楚，丝毫不影响工作伦理。

在进步的社会里，要将自己的角色分厘清楚，伦理有多种：家族伦理、职务伦理、政治伦理、师生伦理、宗教伦理等等。在佛教中，有大、小乘互相为师的美谈，表现了真理上的伦理；又有先为同学，后为师徒的典故，这是修行上的伦理。观世音倒驾慈航，成为一生补处，这也是宗教伦理的具体典范。

"三分师徒，七分道友"，佛门中不可以年龄为老大，不可以年资为老大，不可以先入山门为老大。不错，先入山门、年资较长，可以称老大，但"三兽渡河"、"三鸟飞空"，虽然水无深浅，但迹有深浅；空无远近，但迹有远近，如此自然分出层次、分出高低，所以佛门的职务伦理，所展现出来的是一片新的气象。

在大丛林的寺院里，方丈为一寺之主，但外出必须先向客堂知客招呼请假，这是职务伦理；在民主时代，身为总统不能不向外交部申请办理护照。公司里，董事长乘车外出，沿途不可对司机的路线多加干涉，这也是职务伦理；权势威武的主管，对于他聘请的幕僚、顾问，不得忽视，因为有他们的专业伦理。

一场战争谁胜谁负，不是全靠武器的强劲威力，而是需要仰赖团队伦理的发挥与否。军长指挥师长、师长命令团长，连、排、班以下，上等兵指示，二等兵不得反抗。获得胜利是因为军中严谨持守伦理观念，所以"军令伦理"是致胜之关键。

现代社会，父子不像父子，师生不像师生；主雇之间没有伦理可言，如何成为清明盛世？职务伦理的重要，岂容轻忽！

反应

人的一生，影响自己最大的就是"反应"，你赞美我，我高兴、我欢喜、我快乐，这就是反应；你伤害我，我痛苦、我难过，我承受不起，甚至伤心流泪，这也是反应。

人，吃喝玩乐，游山玩水，追求五欲，找寻刺激，这是人性爱好享乐的自然反应。一个人躲避伤害，远离伤害，害怕伤害，这也是情绪上不愿受到伤害的反应。可以说，人的生活每日都受到反应的影响，不是欢喜就是痛苦。

其实，除了人情的反应、生活的反应之外，还有其他的反应。例如身体反应、心理反应、情绪反应、精神反应等。

身体在佛教叫触觉，平时食衣住行的生活等，都是为了触觉。透过触觉，会有柔软、粗硬、冷热、舒服等感受，进而产生欢喜与不欢喜的心理。

心理像音乐的弦，只要一碰触就有大小声，就有喜怒哀乐；心理反应最为敏感，最为快速。心理反应直接就会影响到情绪的反应，乃至精神反应。

精神的反应，如果是好的，就会精神抖擞、奋发图强；不好的反应，则怏怏不快、萎靡不振。人的一生，读书要有精神、做事要有精神，服务也需要有精神；一个人的精神力，要靠思想上的积极奋发。所以，做人应该时时提振精神，不断地向善、向好的方向奋发努力。

除此之外，物质的分化凝固、空气的冷缩热胀、声光电波的传导等，这些生化与物理的反应，都对宇宙万物产生可成可坏的力量。

在以上这许多的反应当中，最难应付的就是人情的反应。所谓人情反应，诸如人家对你的尊重与歧视，或是被人冤枉委屈，或是觉得很有尊严等，都会有好坏的反应。

有差别、有抗拒，就会有反应。反应了以后，可善可恶、可大可小、可难可易、可好可坏。好的反应就是尊重、礼遇、恭敬、帮助、赞叹；轻视、嫉妒、为难、伤害，这些都是不好的反应。

同样的事情，每个人的反应不同。有的人反应过度，有的人反应迟钝。有的人对于小小的事情，因为过度反应，也会小题大做。这就让人想到人情实在很复杂，有的人即使你对他好，但是他误解你的意思，他也会生气；有的时候，即使你对他恶脸相向，但是因为他的人格修养好，他也能体谅、包容。一般说来，小孩子承受不起喜怒哀乐，比较容易爆发；人格崇高的人，纵有一些喜怒哀乐，他都能处之泰然。

　　人是感情的动物，遇事有反应是很自然的现象，但是反应也要适中，当别人欢喜的时候应该跟着一起欢喜，当应该赞美别人的时候应该随喜赞美，这就是懂得人情世故，这也是与人相处最得体的反应。

蝙蝠性格

人都自大，要天下万众归心，但也有人不肯归心，即使用权力威吓、责备，也没有用。

有一则趣谈：

凤凰过寿，百鸟都去朝拜，唯独蝙蝠不去。

凤凰责骂道："你的地位在我之下，为何这样傲慢无礼？"

蝙蝠回答："我有脚，属于走兽，不是飞禽，为何要为你庆贺，为何要向你朝拜？"

过了不久，麒麟做生日，百兽都去拜贺，偏又是蝙蝠不去，麒麟也责备他。蝙蝠说："我有翅膀，属于飞禽，你过生日，我为何要向你拜贺呢？"

又过了不久，龙王欢度千岁大寿，水族同类纷纷前往庆贺，蝙蝠还是视若无睹，龙王大发脾气，蝙蝠说："你住水中，我住山洞，我又不能下水，如何向你朝拜？"

蝙蝠，它不是傲慢，不是偏执，只是它有自己的立场，有自己独特的性格。它不肯趋炎附势，不去"西瓜偎大边"，只求能过自己安定的生活，所以凤凰也好、麒麟也好，甚至龙王也好，又能奈它何呢？

现在中国台湾地区的各党各派，都以为自己是老大，执政党是老大，在野党是老大，甚至小党反对派，也都是老大。可是偏偏有一种人，他不认你是老大，像蝙蝠的性格，它虽小，但是它有尊严。

我们在世间生活，只要觉得自己有理，只要自己活得有尊严，自己的性格不卑不亢，则虽居小小洞穴，其安全也，又有谁能比呢？

世间万物，都各有各的性格。蜗牛的性格，只要外面稍有风吹草动，它即刻就把自己躲藏起来。蛇蝎性格，只要感到有东西侵犯它，它马上就会勇猛地向你冲撞过来。老虎狮子，虽很凶猛，但是当它饱食之后，管你身边羊鹿成群，它也毫不动心。猫狗成为家畜，猫生性捕鼠，为人所用；狗忠诚看家，成为人类之友。

山有山的性格，水有水的性格，花草树木也都各有性格。人为万物之灵，应该要树立自己的性格；仁义道德，慈悲喜舍，如果不能具备这些人的性格，只是像杨柳摆动，像墙头之草，飘忽不定，如此之人，还不如向蝙蝠看齐，还更能令人起敬呢！

捕风捉影

"是非朝朝有，没有现在多！"现在社会上的谣言是非，各种传说纷纭，一些捕风捉影的事情、捕风捉影的是非闲话，无日无之，无处无之。

尤其，现在中国台湾的传播媒体，对人的隐私报道，往往未经求证就任意发表，造成社会捕风捉影的谣言满天。

捕风捉影的谣言也像无形的子弹，有形的子弹伤人致命，无形的子弹更是杀人不见血。一个人一生辛辛苦苦努力塑造出来的形象，往往因为你的造谣、捕风捉影，一下子就毁于一旦。所以，现在社会上有比枪炮子弹更厉害的武器，如盗人隐私、议人长短、评人过失等；甚至连家居都不安全，随时都得提防电话窃听、针孔摄影机偷拍等，不但担心成为受到别人威胁的把柄，而且担心被当作商品贩卖，散播出去，你说人间哪里有安全的净土？

现在的股市，捕风捉影，只要一听说哪家公司经营不善，股市马上崩盘、下跌，让经济波动不安；政治人物捕风捉影，只要一有政见不同，随即互相攻讦打压，让政党之间彼此斗争，不能和好。

家中的儿女、学校的学生，所学到的都是捕风捉影的教育。世间本来就很虚假，"九十一架飞机"、"杯弓蛇影"等捕风捉影的事情多了，让社会更加虚假。失真的捕风捉影愈多，只有加速社会的毁灭、沉沦。

美国九一一事件后，全国人心惶惶，生怕敌人用生化武器攻击。其实无论什么武器残害人类，所谓"你有政策，我有对策"，都不严重。从古以来，武器推陈出新，一物克一物，都不可怕，可怕的是谣言蛊惑人心，造成内部自乱阵脚，风声鹤唳，草木皆兵，此即三十六计的"攻心为上"。

现在台湾地区的经济衰退，造成工厂关闭，都不可怕，目前最可怕的就是捕风捉影。例如物价波动，商人囤积日用品等。过去传播媒体不发达，消息传递不快，现在信息发达，一有风吹草动，马上就全台湾皆知。

所以，现在社会上一些政治人物，天天研究计划、制定政策，如果捕风捉影的风气不改，社会危矣。我们要想安定社会，应把信仰、慈悲、诚信、真实等正面的道德传播在人间，让整个社会风气重新改变。

座右铭

在人生的过程中，总有那么一句话、一个道理，能够启发自己，成为自己待人处事的准则，于是将之书于案桌上，每日自我提醒，如同长辈在旁，时时耳提面命一般，就叫"座右铭"。

铭，就是铸刻的意思。座右铭不见得是铸刻在木头上、石头上，或是写在卡片上；岳母刺字，勉励岳飞要"精忠报国"，不就是刻在背上的座右铭吗？

座右铭更重要的是要刻在心中，铭刻于心，永不忘失。自古以来，忠臣孝子、贤君明相、士林学子、工商企业等，各种职业、各种人等，都有各自的座右铭。

"服从领导"，这是军人的座右铭；"童叟无欺"，这是商人的座右铭；"有教无类"，这是教师的座右铭；各校的校训"礼义廉耻"，则是学子共同的座右铭。

座右铭有阶段性的，也有终生的；座右铭不只要铭记在心，尤其要落实于行。孙中山先生立志"要做大事，不要做大官"；佛陀发愿"不成正觉，誓不起此座"；印光大师的"老实念佛"，乃至一个出租车司机，在宜兰山线驾驶四十年，从未有违规的记录，因为他谨守"不急不急，安全第一"的原则，成为自己一生奉行不渝的座右铭。

其实，很多格言都可以作为自己的座右铭，但看你当时的心境，是否需要它，是否觉得它能砥砺你。松下幸之助以"挨骂就是进步的原动力"来激励自己，因此他能从困境中脱颖而出；日本勤王运动中之第一功臣西乡隆盛，他的座右铭为"人贵厚重，不贵迟重，尚真率，不尚轻率"，由此可见他的老成持重。

座右铭其实就是人生自我的定位，是自我设定的目标。后汉崔瑗的座右铭："无道人之短，无说己之长。施人慎勿念，受施慎勿忘。俗誉不足慕，唯仁为纪纲。隐身而后动，谤议庸何伤。无使名过实，守愚圣所臧……"乃至佛门的禅堂里，维那师以"大众慧命，在汝一身；汝若不顾，罪归己身"，时时自我警惕。也有人以"什么都可以不信，不能不信因果"、"宁可天下人负我，我不负天下人"，这些明因识果的警世之语，对于我人的道德修养、人生目标的确立，都有正面的激励之功，实应书之于案，以此作为我们自律的座右铭。

跟着感觉走

现在社会上流行 E 世代的语言"跟着感觉走"，这句话充满了危机，不禁令人对时代青年的率性感到忧心。

现在你的感觉里生起了瞋恨心，"跟着感觉走"你就可以杀人吗？现在你的感觉想要吃喝玩乐，"跟着感觉走"你就可以死皮赖脸地骗吃骗喝吗？现在你要钱，"跟着感觉走"你就可以抢劫银行吗？现在你想打人，"跟着感觉走"你就可以无理取闹吗？所以"跟着感觉走"，这句话应该改为"千万不可跟着感觉走"。

如果你感觉上需要的，是不合乎道德，是不合乎社会法治，就不能跟着感觉走；你对于社会上的人情世故，只要是合乎忠孝仁爱，合乎信义和平的，即使没有这个感觉，也要跟着走。

人跟着社会的秩序，跟着时代的潮流走，但也要有法律上的道德标准。人的感觉，在《百法明门论》里属于善的、好的部分较少，大烦恼、随烦恼比较多，你能跟着感觉走吗？

烦恼如贼，随时都在盗取我们的功德；人如果任由六根向外攀缘，随着烦恼贼而走，往往容易受骗，吃亏上当，所以千万不能率性地"跟着感觉走"。

古代的学徒制，学艺之路都是千辛万苦，如果依着自己的感觉走，就不会去做学徒，到头来只有一事无成。所以，人不能一味地跟着感觉走。人要刻苦自励，要跟着正派、正气、正见走，跟着道德走，才能走上康庄大道。

除了"跟着感觉走"，还有一句非常不好听的话："只要我欢喜，有什么不可以？"依照这句话的意思，你喜欢打人，就可以打人吗？你喜欢发脾气，就可以发脾气吗？你喜欢赖账，就可以赖账吗？你喜欢说谎骗人，就可以说谎骗人吗？

"只要我欢喜"，如果是不合乎人伦道德的，就是不能欢喜；我不欢喜的，只要是情义，是信用，是服务，是友爱，是对国家社会有贡献的，虽然不欢喜，也不能不全力以赴。

过去有谓"一言以兴邦，一言以丧邦"，一句话不能随便说出口，随便一句话，对国家社会都有着莫大的影响，岂能不思之慎之。

所以，"跟着感觉走"、"只要我欢喜，有什么不可以？"假如你有这样的思想，千万要改正过来，不然铸成大错，悔之晚矣！

智囊团

过去的大人物，总会聘请几个顾问，一来表示自己谦虚，礼贤下士；二来表示自己察纳雅言，从善如流。

顾问就是智囊团，古代帝王有军机大臣，这是皇帝的智囊团。现在也有智囊团，智囊团也称"智库"，谁有智库，表示智慧用不完。

现在设有参谋、资政、国策顾问等，这都是智囊团。乃至现在的各种会议，就是集思广益，共研决策。参与会议的人，要能提供意见，有益于民生，才能成为智囊团。

智囊团就是集体创作。一个人能广开言听，延用各种人才当智囊团，表示自己谦虚，不专横，不自以为是。不能接受别人的意见，就像秦始皇，终将成为独夫。

现在的工作室、创作坊、研究中心等，也都是集众人的智慧共同成就，这也是智囊团。一个人能广用人才做智囊团，或是能被延聘为智囊团，都是有为之人；自己没有智慧，又不能用智囊团，这就是刚愎自用。

战国时代的张仪、苏秦，他们在各国游走当说客，也是想成为各国的智囊团。而历代帝王欲成王称霸，如愿与否，与他们能否重用智囊团，也有密切的关系。

刘邦能善用张良、萧何、韩信等汉初三杰，所以成就帝业；项羽不能重用范增，所以兵败自刎乌江，可见能善用智囊团的重要。

元世祖忽必烈重用汉族谋士刘秉忠为"缁衣宰相"，刘秉忠为世祖的称帝出谋擘划，并定国号为元；东晋苻坚不听道安大师之劝，故有淝水兵败，导致亡国，由此可见智囊团的价值。

文王礼请姜太公于渭水之滨、刘备三顾诸葛亮于隆中。所谓"三人行必有我师"、"愚者千虑也有一得"，此皆能善用别人的智慧。

武则天用狄仁杰为相，尊为"国老"，并让狄仁杰举荐人才，狄仁杰推荐了张柬之、姚崇等数十人，这些人后来都成了名臣。汉朝吕后为了巩固太子刘盈的地位，求计于张良，经过张良的穿针引线，把刘邦无法请动的"商山四皓"延聘为宾客，终于确立太子的地位。

智囊团往往是"养兵千日，用在一朝"。赵国平原君、齐国孟尝君、楚国春申君、魏国信陵君等战国四公子，都号称有"食客三千"。这三千食客当中，纵使鸡鸣狗盗之类，都能建立奇功，发挥大用。可见一个人只要肯献身献力，都能成为别人的智囊团。

沉不住气

　　五代时，冯道与和凝同在中书省任职，两人交情甚厚。有一天，冯道穿了新买的鞋子到和凝家中拜访。和凝一看，这双鞋子和我数日前叫仆人买回来的那双不是一模一样吗？于是和凝就问冯道："你这双鞋子是多少钱买的？"

　　冯道一听，不慌不忙地举起右脚，说："五百块钱。"和凝一听，怒气冲冲地对着身旁的仆人骂道："一模一样的鞋子，为什么你说要一千元呢？"

　　此时，冯道又缓缓地举起左脚说："这只也是五百块钱。"和凝一听，霎时满脸通红，深为自己沉不住气感到羞愧。

　　沉不住气，往往不能冷静地判断是非，造成憾事。历史上，很多战争原本有利的一方，往往被对方的激将法激怒，沉不住气，贸然出兵，而使局势逆转。在佛门里，一些出家人还俗，也是等不及，沉不住气，因此沉沦世海。

　　沉得住气，是一种修养的功夫，东晋淝水之战的名将谢

以舍为有，则不贪；以忙为乐，则不苦；以勤为富，则不贫；以忍为力，则不惧。

你大我小，不争吵；你对我错，人缘好；
你有我无，纷争少；你乐我苦，幸福多。

安，当他正与朋友下棋时，得知侄儿谢玄力克敌人，获得胜利，但他不形于色，依然冷静下棋。沉得住气，是一种忍辱的智慧，英烈千秋的张自忠，受命与敌人周旋，却被误认为卖国贼，但他沉得住气，最后终能完成使命，留芳千古。

三国时代，诸葛亮以"空城计"骗过司马懿的数十万大军，不战而退，也都是沉得住气。有智慧的人，越是紧急危难的时候，越是冷静沉着，唯有在镇静中才能想出应付事变的方法。

所谓"饭未煮熟，不要妄自一开；蛋未孵熟，不要妄自一啄。"拳头不要随便打出去，要沉得住气，才有力量；眼泪不要随便流出来，要沉得住气，才能化悲愤为力量。

现在台湾经济衰退，大家应该沉得住气，共体时艰，共同奋斗，共渡难关，不要你怪我，我怪你，如此只有互相抵消力量。

沉得住气，也不是没有是非观念，而是冷静沉着，伺机而动。纪渻子训练斗鸡，说明一只上等的斗鸡，不是只会虚张声势，自狂自傲，如此遇到强者，往往不堪一击！反而气定神闲，从容安详，呆若木鸡，最后总能不战而胜。

因此，我们在日常生活中，纵使遇到挫折，或有不公平之事，不可以冲动，更不能意气用事，应该冷静沉着，要沉得住气，才能理性地思考解决之道，这才是智者所为。

一窝蜂的习惯

　　动物当中，很多都是过着群体营生的生活，例如，当你发现一个蜂窝，马上就会有一群蜜蜂蜂拥而来；当你发现一块腐肉，很快就会有一大批的苍蝇一窝蜂飞来。

　　一群麻雀、一堆蛆虫、一窝蚂蚁、一池小鱼。小，就有一窝蜂；大，才会散居。

　　你看，一只老鹰在天空飞翔，一只老虎在原野奔跑，它们大都喜欢个别行动。但是也有例外者，如鹿群、象群、马群等。大致说来，草食的动物大都过着群居的生活，肉食的动物则喜欢单独营生，大概是害怕同伴跟它分一杯羹吧！

　　出家人素食，也是丛聚在一起，成为僧团。喜欢孤独，一个人生活的人，大多不肯服务别人，也不喜欢让人为他服务。

　　其实，人是群居的动物，不能离群索居。但是在群体生活中，也要有独立的思想，不能盲目跟从，随着别人的脚步起舞。然而遗憾的是，中国人的民族性，偏偏就有一窝蜂的性格。

例如，数年前"蛋塔"才刚引进中国台湾，生意兴隆，大家争相排队抢购，店家于是一窝蜂地一间间林立；但是不到一年，却又一家家地关闭。种植槟榔，利润好，收入丰，于是大家拼命栽种，甚至滥垦山坡地，造成严重的泥石流问题。

一窝蜂就是盲目地跟进，完全不去评估实际的状况，也就是自己没有主见，完全看别人行动。如：有人买东西，一大堆的人也跟着买；有人提议要带便当，一个个也都附和要带；有人想多留宿一个晚上，马上就有人说也要留下来；有人因有急事，要搭飞机，后面也一定有好几个人说要坐飞机。再如买汽车、出国、装小耳朵、移民等，不也都是一窝蜂的吗？

曾经，在一片"大陆热"的风潮中，多少人一窝蜂地涌向大陆，欲一窥大陆锦绣河山的堂奥。甚至只要孩子不要爹地的"未婚妈妈"、在父母望子成龙的心态下被送出国的"小留学生"、青年男女一窝蜂"跟着感觉走"的时代潮流等等，如果我们任由"一窝蜂"的现象继续发展，不禁令人忧心，未来的社会将会走向什么样的境地！

经云："法无定法。"又说："随缘不变，不变随缘。"我们生活在世间，必须跟着社会的脉搏一起跳动，在思想上有所更新，在行为上与时俱进。然而我们也应该有所为，有所不为，尤其在这个瞬息万变的时代里，我们是进是退，是行是止，更要依靠自己的智慧选择判断，才不会被眩目的潮流所吞噬淹没。

真女性主义

现代女性意识高涨，在许多时代新女性高呼"女男平等"下，女性的地位大大提高。但是，基本上东西方对女性的看法又有极大的不同。

女人，在西方认为是神：自由女神、和平女神，是美：安琪儿、可人儿、甜心。中国人则认为女人是祸水，是母老虎，是蛇蝎，把女人视为不祥之物。

其实，男人是人，女人也是人，既然是人，每一种人都有他的优点。因此，不必把女人看成是神，也不必把女人看成是蛇蝎。女人，她不就是人嘛！

女人，她的风姿比较美丽，女人的心地比较善良，女人的个性比较柔和，女人的心灵比较细密，女人的工作比较有耐力。

男人，在体型、力气上有很多地方优于女人，但是女人也有优于男人的地方。例如，女人负起家庭的担子，从早到晚，三餐的供应，家居的整理，儿女的扶养；如果一个家庭中，把女人一天的工作时间总计一下，必然多于男人的工作量。男人可以经常换工作，女人则把心力投注在家庭中，永远不变。

女性，一般人的观念，认为女人善于用美丽的外表作为自己进阶的手段，善于以眼泪作为征服男人的武器，善于以眼睛作为勾魂摄魄的工具。其实女人的长处很多，不一定要用身体上的构造来取媚于人。

女人的特点，诸如聪明、智慧、勤劳、爱心，就已经足以胜过男人了，所以不必利用身体来换取金钱、名位，女人一样可以凭自己的智慧、能力，在社会上和男人公平地一较长短。

现在各级主管及企业界的领导人，如张博雅、蔡英文、叶菊兰，以及大陆工程公司总经理殷琪、《联合报》发行人王效兰等，她们不是一样可以在各自的领域崭露头角吗？

女人也不一定做大官，做大企业家，才是伟大。基本上，女人是中国伦理道德的保卫者，是家庭教育的推动者，是慈悲和平的实践者。古代有岳母刺字、欧母画荻，现代的女性，一手扶养两代，照顾儿女长大成家，继而帮忙带孙儿孙女者，比比皆是。

有一句话说：一个成功的男人，背后必有一位伟大的女性，如明太祖的马皇后、唐太宗的长孙皇后，都是名垂青史的典范。所以，真女性主义，希望今后天下的女性发挥自己的所长。女人能走出社会，兴办公益，扩大自己的生活圈子，固然是新女性的行为，但是身居家中，相夫教子，能把举国的男女教育成杰出的人才，又何尝不是真女性的所为呢？

加温

　　亲人要出远门，家人总会叮咛：你要多加一件衣服；吃饭时，也总是说：趁饭菜还热，你要多吃一些。长辈交代朋友去探望晚辈，也会交代：你要对他多关照一点，你要对他热情一些，可见加温在人我之间、在生活之中是非常重要的一件事情。

　　说到加温，有的贵重花卉，不但替它起个花房，还要在花房里加温，花朵才能加速开放。许多的面食，需要加温来帮助酵母菌发酵，面食才会松软好吃。甚至鸡蛋也要加温才能孵化；人也是靠着温度才能活命，身体冰冷了，生命也就结束了。

　　人，光是自己身上有暖气还是不够的，要把自己身上的暖流，分散给社会大众，让大家都感受到社会的温暖。社会人类都喜欢温暖胜于冰寒。比方说：一个住家，住得舒服，就会说："此间很温暖"；如果不喜欢，就会说："此间阴寒，受不了。"

　　有阳光的地方，就有温暖；有生火的地方，就有温暖；有好话的地方，就有温暖。所谓"好话一句三冬暖，恶语伤人六月寒"。所以，温暖有时候倒不一定从气候、温度上来看；尊重、好话、笑容、爱护，都可以制造暖意。真正的暖流是从心意发出，所以心像电厂一样，能发出一点暖意给别人，比阳光、电器的产品还更重要。

太暖不好受，太冷更不好受。比较一下人居住的地方，热带的人口比寒带的人口要多。把一些暖意给人分享，是最为无上的布施；暖流所到之处，百花盛开，莺啼鸟叫，河鱼戏水，昆虫出土，万物的生机都因暖流而复苏。

人的眼睛看人，有人说冷冰冰的眼神；人和人见面，有人批评对方冷冰冰的面孔；有人说话，令人感觉他的言语冷冰冰的，甚至整个态度也都是冷冰冰的，可见人都喜欢温暖。

寒冬送温暖，挫折失望的时候，更应该给人几句温暖的鼓励。佛心就是暖心、慈心、善心；人有了佛心，自然就会散发暖意，温暖人间，成为温暖的人生！向日葵也是向着阳光开放，大雁也要飞向温暖的南方避寒；春天来了，万物欢喜，不也就是因为春天带来人间的温暖吗？我们若想要修行，想要对人类有所贡献，就请大家为整个社会加温，带给社会一些温暖吧！

你要做春天吗？

放风筝的哲学

从小，每个人几乎都有放风筝的经验。放风筝是儿童的游戏，能够启发儿童对宇宙时空的认识，对风向动力等相关知识的充实。

放风筝，首先需要有空旷的空间，才能观察风向，尽情地逆风奔跑；透过风向，借力使力，风筝才能冉冉升空。

放风筝，往往不是一次就能顺利飞升，必须耐心地一次又一次重来，不怕辛苦，不怕失败，勇于尝试，才能成功。

放风筝不只是小孩的游戏，大人也有放风筝的比赛，从设计到升空，比的不只是创意，有时偌大的风筝，如何让它迎风腾空，必须多人同心协力，发挥集体创作的团队精神，才能赢得好成绩。所以，放风筝不但有益身体健康，而且具有益智及教育的功能，实在是一项值得大力推动的正当娱乐。

现在中国台湾地区已经甚少看到有人从事放风筝的运动，当局也没有意识到要规划足够的空间，以供民众做户外活动。

因此一般人只有从事爬山、潜水等活动，但在缺乏专业知识及充分的配备下，山难、海难频传，令人遗憾。从台湾不懂提倡放风筝的运动，可知台湾不重视户外教学，不重视合群的教育。

放风筝，要掌握线，才能控制风筝。断了线的风筝，固然一去不复返，但是有时候，线拉得太紧，或是放得太松，也不容易升空，所以要收放自如。做人，也要像放风筝一样，能放能收。平时我们说话，说出口的话，要能兑现；投资事业，也要能回收成本，因此要做市场调查，否则蚀本了怎么办！

一七五二年七月，富兰克林与儿子威廉在一间四面开敞的木棚里，利用风筝进行引接雷电的实验，当闪电击中风筝后，他们父子看到绳上纤维竖起，富兰克林禁不住伸手摸一下，突然指尖与系在风筝上的钥匙间发生火花，左半身麻了一下，富兰克林兴奋地告诉儿子说："这就是电！"

今日世界的光明，是从放风筝所获得的灵感；当年艾森豪威尔成功登陆诺曼底，也是善于观察风向，因此一战成功。

放风筝启发了富兰克林发现电力，对今日人类的贡献不可谓不大。尤其，放风筝个中大有人生哲理在焉！我们做人，要像放风筝一样，懂得观察风向、时空、气候、天时、地利、人和等，有了这些敏锐的觉知，做人才能进退得宜、圆满自在。

高帽子

人，大都喜欢听好话，尤其是赞美自己的好话更是百听不厌。

话说古时候有两个学生，他们齐向老师请示为官之要。老师说："现在的世道，逢人如果只说实话，是行不通的；当你碰到了人，不妨给他戴顶'高帽子'，人生自然可以通达无碍。"

老师说完，其中一位学生赶紧附和道："老师的话千真万确，放眼当今社会，能够像老师您这样正直，不喜欢戴'高帽子'的又有几人呢！"老师听后很高兴。走出门口，这个学生就对旁边的人说："'高帽子'已经送出去一顶了！"

高帽子人人爱戴；但是戴多了，有时也会重得让人承受不了。戴高帽子就是给人赞美，赞美也要得当，不可超高，才能令人有"深得我心"之感。

有的人，明明已是徐娘半老，你就不一定要赞美她年轻貌美，你也可以夸奖她气质高雅、聪明睿智；有的人，胸无点墨，你就不需要称赞他才华横溢，你可以说他慈悲善良、平易近人。

适时的给人一顶高帽子，可以让人如沐春风，赢得别人的友谊与好感。过去有许多文官武将，只为了君王给他一顶高帽子，有时连生命都可以牺牲。

赞美是一种艺术，赞美是一种智慧。赞美的言辞不怕多，一般人赞美佛教徒，总是说：他很发心、他很慈悲、他很乐善好施。其实，帽子的颜色有多彩，不一定只戴一种；你也可以赞美人：富有道气、很有带动力、具有正知正见、为人正直热心等。

小孩子需要人鼓励，鼓励就是给他戴高帽子；大人也需要打气加油，适时地给人戴上一顶高帽子，就像骑士有了钢盔，就有安全感；身处寒带的人，给他一顶绒帽，他就能御寒；艳阳高照下，一顶草帽，就可以遮荫。

高帽子也不一定都要由别人来帮你戴，罗胥夫高公爵说："如果我们不恭维自己，人生可享乐的便太少了。"所以也有的人惯于自己给自己戴高帽子。

高帽子可以让人的自尊受到鼓舞，过去欧洲人所戴的帽子，都是又高又尖，后来拿破仑废止高帽子，慢慢高帽子就失去了优势。中国士大夫自命清高，反其道而行，不戴高帽子而戴瓜皮帽。不喜欢戴高帽子的人，以平实心处世固然很好；戴了高帽子的人，也应该发挥别人给我们高帽子的力量。如果能够因为戴高帽子的鼓舞而发心立愿：做人，要做高人；做事，要做大事。如此也不失去高帽子的用处。

拓宽道路

　　数十年前的中国台湾地区，当时交通不便，纵有车辆，道路不完善。后来社会进步，经济增长，便不断地拓宽道路。因为道路拓宽，台湾的经济起飞，生存空间也就不断地扩大。不管是社会，还是个人，都不能过分保守；向外拓展，必定有进步，必然有成就。

　　不但中国台湾的加工业外销到世界各国，我们的农耕队也在非洲、欧洲等地，到处广结善缘。

　　说起中国台湾的善缘，在全世界举凡有苦难的地方，我们都不分彼此，前往济助。诸如科索沃、菲律宾、巴拉圭、印度、日本、美国等地的风灾、水灾、震灾，我们都给予金钱、粮食、医药等方面的赞助。

　　再以拓展文化来说，全世界的国家，到处都有中国台湾的留学生；杨丽花和明华园歌仔戏、黄海岱布袋戏、云门舞集、佛光山梵呗赞颂团等，都能走遍世界。甚至佛光山在十年当中，二百多座寺院分建在欧、亚、澳、美、非洲等国家，每日都在从事文化交流的工作。

目前佛光山在全世界的中华学校至少有一百所以上，读书会数千个，数十种语言的翻译书籍在世界流通。因为我们有心拓展，不但人才愈来愈多，事业愈来愈大，善缘也愈来愈好，可见拓展、广结善缘是多么重要。

我们光是在空间上向世界拓展还是不够的，主要的是要拓展自己的思想。思想方面要有三千大千世界，要有现在与未来，所谓"心包太虚，量周沙界"，我们要拓展心胸，你的心中有家人，就能做家长，你心中有乡里，就能做乡长，你的心中有国家，就能做元首，你的心中有众生，就能成佛。因此修行其实就是在做一种拓展的功夫，我们要心中有我、有人，还要心中有佛，这就是心灵的净化。

此间所说的拓展，不是侵犯，我们不侵犯人家的土地，我们不侵犯人家的拥有，我们不做人间的侵略者，我们要把说好话拓展到全世界，我们要把做好事拓展到全世界，我们要把存好心拓展到全世界。凡是有益于人间的，凡是有利于社会大众的，都可以拓展；凡是自私自利的，凡是贪婪占有的，都不应该拓展。能够把身、口、意供养十方世界的众生，这才是最完美的拓展。

慎独

晚上，一个人走路，你要谨防暗夜的危险；家居只有一个人，不但要小心火烛、门户，还要提防坏人袭击。一个人开车，疲倦了，连个讲话的人都没有，此时往往容易打瞌睡而出车祸。

一个人独处的时候，不但来自外面的危机四伏，自己的内心，也容易因为没有外力的约束而生起歹念。因此孔子说："小人闲居为不善，无所不至"，又说"君子十目所视，十手所指"，就是叫人要"慎独"。

单丝难成线，独木难成林。树木多了，就能成林；人多了，就能成众。过去独家村，总让人想到没有奥援的辛苦，一个人生活在大众里，能够随缘安住，随缘生活，不但能得到很多的奥援、指教，也可以得到很多的助力、助缘。

其实，"一"也并非不好。佛陀说：唯有一乘法，无二亦无三。太阳一个，月亮一个，真理也是一个。夫妻也是一夫一妻；

一儿一女更是宝贵。但是，一个人要正派，要有力量，要能成为发光体；如果自己不是大乘的根基，则高处不胜寒。

"一个"的力量毕竟有限。一支筷子，夹不起菜；一句话，道理说不清楚；一只手，拿不起东西。所以，一个太小，就不能成用；如果你是君子或圣人，虽是一个人，但你可以自律，而且可以发挥光和热，则一个不怕。一般凡夫，当你喜欢独居，当你交朋友只交一个的时候，则不能不对个中所潜藏的危机有所警觉啊！

现在的社会，都是讲究群居，有大都市、有乡镇、有村庄，彼此来往，彼此助力。一员大将，也要招兵买马，因为独木难支大厦。非洲草原的动物，一只老虎遇到一群狗，它也会招架不住；一头狮子遇到一群苍蝇，它也无能抵抗，所以一个人要"慎独"。

孤掌难鸣，虽然有的人可以听"只手之声"，但也要你能参到那个最高境界，才能知道"只手之声"。因此，一不是不好，但是当你还没有到达最高境界的时候，还是要"慎独"。佛教讲，一切法都是因缘所生，各种因缘在人生的过程中，也不能不重视喔！

对准焦距

现代的人出门在外，手上不是拿着一支手提电话，就是背着一部照相机。拿手提电话的人，他想缩短空间，即刻传达心意，使用照相机的人，他想留下历史，供作日后回忆。

使用照相机，除了要用心捕捉镜中人的动作、神情，并且注意取景的角度以外，在按下快门之前，一定要先对准焦距。焦距没有对准，照出来的相片就会模糊不清；能够掌握焦距，才能照出一张影像清晰的好照片，才能成为摄影家。

人在世间生活，用两只眼睛看问题，还要用头脑、耳朵帮忙对准焦距，才能看出事情的原委，才能掌握要点。有的人，看事情没有对准问题的核心，就是没有重点，如同照相，没有对准焦距，照出来的相片就会失真。

社会上，不管你是政治家、企业家、外交家、经济学家，各行各业都必须善用自己的专业，用心体会，看清问题，这就是对准焦距。甚至家庭中，丈夫对待妻子，也要能掌握太太的心理，看出她的需要，没有调准适当的焦距，夫妻的感情就难以恒长维系。

有时候朋友之间来往，没有把握好人我之间的时空关系，没有对准焦距，往往容易产生摩擦。大自然之间，也有它自然的焦距，恒星、行星、卫星之间的运转，如果没有对准焦距，三个碰在一起，地球就会受创。所以你我他之间，再好的朋友、同志，都应保持适当的距离，才能看清焦点，如同开车，保持适当的距离，才能确保安全。

不但照相机要重视焦距、行车要保持车距，在舞台上表演，乃至家居布置，甚至说话、录音、录像，都要对准焦距，才能有好的品质呈现。尤其，我们的眼睛如果焦距出现误差，也就是一般所谓的"近视眼"，对远处的事物就无法正确地分辨清楚，这时就要配戴眼镜。眼镜的焦距尤其要调整得宜，才能更清楚地看到近距离或远距离的物体。

语云："不依规矩，不成方圆"，人的行为如果没有对准焦距，就会受人议论，对准焦距就是遵守规矩。过去战国时代，秦国采取"远交近攻"的策略，懂得在焦点距离上用心，所以能够获得胜利。

世间凡事都要重视焦距的准确，创业、用人要对准焦距，建一栋大楼也要把土地方位的距离计算清楚，乃至人际往来，处处都要注意彼此的焦距是否保持得宜，能够面面俱到，即可谓深得此中奥秘矣。

点缀

　　人在世间，都喜欢做主角，不喜欢做配角，因为配角是一个点缀品。人都喜欢做主干，成为人间的中心，他不希望做某一个行业的点缀品。但也有的人，志不在跟人比大比重，他甚至甘愿做别人的点缀品。

　　女士，用美貌、姿态来点缀男士的身份；儿童，用天真烂漫，活泼有礼，点缀父母给他的教育；员工勤劳，精神抖擞，甘愿点缀老板的领导有方。其实，点缀得当，反而胜过主体的成就。

　　《西厢记》里的红娘，虽只是一个丫鬟，但实际上她是一个主角，她发挥所长，不做张生、崔莺莺的点缀品，反而成为他们的主角。魏徵、褚遂良，他们不一定是唐太宗的点缀品，反而是大唐王朝的栋梁。

　　房子的墙壁太大了，挂上一幅画来点缀，这一幅画可能成为房子的主体；一幅画里，两三只的飞鸟，几棵树枝，可能飞鸟、树枝就是这一幅画的主题。

点缀不是附属品，它也可以成为灵魂；"万绿丛中一点红"，那一点红不是非常重要吗？点缀不是陪衬，一桌丰盛的菜肴，有人吃得反胃，反而那些点缀陪衬的小菜，更加可口。

不管什么身份，点缀也好，陪衬也好，只要恰如其分，就能使整体为之生色。因为世间本来就是一个集体创作的世界，一个纽扣、一条领带、一只别针，都会使一个人光耀四方。

世界上不要争谁大谁小，小小的点缀，小小的陪衬，其价值也会无限。天空的星星是点缀吗？假如说只有一轮月亮，又何其孤单啊！一个伟人，他也要有多少的顾问、幕僚，才更能成其伟大！

点缀品也是非常的重要。假如一个人，能有一点笑容做面部的点缀，能以一个优美的手势做姿态的点缀，能说一句智慧的话语做其身份的点缀；如果没有这些点缀，又怎能成为别人所尊敬的人呢？

英雄要用军刀佩枪来点缀自己的英武，美女也需要花粉点缀她的容貌；假如没有点缀，又怎能成为英雄、美人呢？

人要学习多方面的技艺来点缀自己的才华，现在社会上流行计算机网络、音乐舞蹈，甚至名牌的服饰、佩饰，都是用来点缀自己的身份。其实，人更应该要以道德、热诚、友爱、服务、慈悲来点缀自己的修养。要会用其点缀，点缀得恰当，这也是表达人之高贵，不亦宜乎！

中心

现在社会上的团体，流行以"中心"为名，例如文化中心、研究中心、活动中心、服务中心、劳工中心、育乐中心等，甚至眼科中心、耳科中心、皮肤医护中心、手足矫正中心，乃至心脏、肠胃等内科的医疗中心。

有中心才有组织，有组织才能强化效率，有效率才能散发力量。其实，只要能具有领导的力量，有散发光热的功能，对于与自己有关的附属，都能给予帮助，那就是中心。

县市中心、乡里中心、社区中心；大有大的中心，小有小的中心。一个家庭以父母做中心，每个个人，大脑就是自己的中心。中心就是根本，花草树木有了根本中心，才能散发出枝枝叶叶、花花朵朵。

中心要牢固，中心固定不动，附属的东西才能正常运转。例如钟表的中心固定以后，时针、分针、秒针才能随着中心而正常运转；汽车轮胎的轴心要牢固，车子才能安全行驶。

有中心点，才能画圆圈，才能团结力量，散发四方。中心，世界有世界的中心，比方说：联合国就是世界政治的中心，东京就是世界金融的中心，格林威治就是时间的中心。电影的中心是好莱坞，钟表的中心是瑞士，服饰的中心是米兰，艺术的中心是纽约，考古的中心是罗马，宝石的加工中心是曼谷，汽车的制造中心是日本，石油的生产中心是中东，人间佛教的推动中心是佛光山。

世界的山峰以喜马拉雅山的圣母峰为中心，世界的海港是以荷兰为中心。世界上的中心也会时有变动，像政治中心，有时是巴黎，有时是华盛顿，有时是莫斯科，有时是以柏林做世界的中心。世界的中心也会移动，如经济中心，在一九〇〇年以伦敦为中心、一九五〇年以纽约为中心、二〇〇〇年以东京为中心，但现在慢慢到二〇五〇年，是以上海为中心。

气象的发布，各国有各国的中心，但是世界整个的气象中心，以华盛顿、莫斯科、墨尔本等为中心。真正的中心，每一个团体，每一个地区，每一个国家，都是以人为中心。人因为有个心，所以才是自己的中心；心是宇宙世界的中心！

中心，不但要稳固，而且要有智慧、慈悲、道德，要能公平、公正，如此才堪为中心！

烧头香

中国台湾的宗教，民间的信仰，都流行着"烧头香"的习惯。

每逢新春，大年初一，人人都想到寺院里"烧头香"，表示恭敬。甚至关圣帝君的生日，妈祖娘娘的祭辰，信徒也都以半夜三更前往"烧头香"为敬。

其实，"烧头香"并不是在时间上有所规定，也不是抢在别人之前名为"烧头香"。真正的"头香"，不论前后，主要在于心诚为是。

在佛教里，有一次佛陀上忉利天宫为母说法，回到人间的时候，莲花色女抢先迎接佛陀。佛陀告诉莲花色："真正第一个迎接佛陀的人并非是你，而是须菩提。"莲花色说："须菩提现在还在室中打坐，叫他前来迎接佛陀，他都如如不动呢！"佛陀说："莲花色，须菩提现在正在观空入定，他与真理相应，就能见到佛陀，这就是迎接佛陀。"

孔子七十二贤人中，颜回最为贫穷，但是孔子却赞叹他是一个最贤能的人。由此观之，所谓"烧头香"，意义不在于时间的前后，而是能与佛心、佛行相应的人，就是"烧头香"。

由信仰上的烧头香之事为例，现在一般的民众，对于一些政治人物，用心巴结，趋炎逢迎，以为可以优先获得赏赐；假如高官厚爵的行仪如佛陀、孔子的话，应该以真正默默行善，默默为民众服务的人，那才是真正与自己志同道合的人，不要只看到燃放鞭炮逢迎，表功拥戴以蒙赏赐的人为忠诚。

头香不是比较，不是先后，只要自己心真意诚，任何地方，任何时刻，即使在家中的佛堂，也是心香一瓣，也可名之为"烧头香"。

烧香、敬佛，不可以世俗之心与圣者接触，例如台湾每年正月初九，大家拜财神，希望求财宝，得富贵；其实大家都忘失了自己就是财神。你看，社会上有了急难，有心人即刻就会出钱资助，这里施舍，那里捐献，可见自己就是财神，为什么还要另外去求财神来帮助呢？

烧香是表示恭敬，是表示牺牲，就如蜡烛，燃烧自己，照亮别人。要烧去自己的贪欲，才能得到无求的财富；烧去自己的瞋恨，才能得到无患的慈悲；要烧去自己的愚痴，才能得到智慧的光明，要把自己的七情六欲，各种忧烦悲苦、嫉妒狐疑、妄想颠倒，都能一起烧除，才能获得自己的所求。

烧香是人和神佛的交流，所谓心香一瓣，遍满十方，我们届逢即将"烧头香"的时刻，大家不妨思考一下：我有点燃自己的心香吗？

不一样

世间，所有的一切都不一样。拿人来说，有种族、风俗、习惯、民情、性格上的不一样。甚至同样是人，还有男女、老少、高矮，乃至有善有恶，也都不一样。即使是同一个种族，同一个乡里，同一个宗亲，各人的人心也都不一样。

世间的地理、气候、森林、动物，甚至高山、海洋，也都不一样。因为不一样，家庭分子要求不一样，就有纷争；社会大众所需不一样，就有争执。

世间的一切，"人同此心，心同此理"，但事实上，"人心不同，各如其面"，有千百万种的人，就有千百万种的心，因此人类只有从"异中求同，同中存异"，才能相即相融、共存共生。

人的面孔不同，肤色不同，姿态不同，胖瘦不同，这只是有相的不同；无相的不同更多，例如才华不同、思想不同、观念不同、精神不同、智愚不同。假如从这许多的不同当中，要想求好、求大，只有靠不一样的努力，来达到各自的目标，完成各自的成就。

因为同是父母所生的儿女，由于所受的教育不一样，所交的朋友不一样，所读的书不一样，所处的环境不一样，因此各自就会产生许多不一样的人生观，影响所及，对人类社会的看法也会不一样。例如各个党派有不一样的主张，不一样的政策，甚至同党的人也有不一样的政见。所以，民主的社会，尽管你有再多的不一样，但是你要服从组织，服从领导，服从主义，服从会议；凡事一经会议决定，大家就不可以有不一样的意见。

这个世间，太多的不一样，例如同一句话，各人听后的感受、解释也不一样；同样的气候，各人感受到的冷暖也会不一样。同样的街道，同样的建筑，同样的方向，因为有穷有富，于是有人就用命理来说成不一样的地理，不一样的风水。

同样的种子，同样的禾苗，播种在同一个地方，生长出来的果实也会不一样；种子，由于因缘不同，由于业力不同，由于本质不同，生长出来的自然就会有很多的差异。

在很多的不一样当中，我们只有从佛法的理论上来看，事上虽有不一样，但是理上，你要能看到平等，看到一样，所以就要看各人的智慧了。用慧眼观察世间，尽管有很多的不一样，其实"人同此心，心同此理"，都是同一个缘生缘灭，在同一个因缘法则之下，又有什么不一样的呢？

YES与NO

"青年守则"说："服务为快乐之本。"现代的社会讲究服务的人生，中国台湾有两千三百万的人口，据说平时有七十万人在各地当义工，可见现在的人重视为别人服务，已经成为良好的社会风气。但是，社会上仍然还有一些人，没有养成这种良好的服务习惯，凡是人家有什么要求，都是以拒绝作为挡箭牌，因此，社会上就流行着"YES"的人生观与"NO"的人生观。

凡是有人对我们有所询问、有所要求，是在自己举手之劳的范围内，都应该给予人"YES"，但有人偏以"NO"应对!

有的人问个路，就用手指一下，给他一个方向，但是往往得到的回答是"我不知道"——NO。像现在很多的公文表格，请承办人代填一下，虽是举手之劳，往往也以"NO"来响应。

跟你借用走廊休息一下，你回答"NO"；在你家门口暂时停车一下，也是"NO"。不认识字的人请你代读一下书信，也不肯答应，任意的回答"NO"；家中的兄弟姊妹，互相借用一下桌子、椅子，也是"NO"。这就是"拔一毛而利天下，吾所不为也！"

现在的人出门在外，经常内急，上厕所不方便，借他家厕所方便一下，也是"NO"；天干口渴，路人想要讨一杯水解渴，也是"NO"。甚至从小的教育，同学彼此有数学上的问题，或有成语不懂，明明知道，别人问起，也是说"NO"。

《孟子》说："为长者折枝，非不能也，乃不为也。"凡事都拒绝，都说"NO"，你的人生还拥有什么呢？从小就养成一个说"NO"的人生，待其成人之后，想要他为社会有所服务、奉献，此实难矣！

历史上，张良为黄石老人捡鞋子，老人一而再、再而三地故意刁难，张良还是不说"NO"；古代多少侠义人士，虽然自家经济拮据，朋友有所请求，他也总是尽量地说"YES"，从不轻易响应"NO"。

一个有能力的人，一个会办事的人，凡事都"YES"；即使拒绝，也会提供取代的方案。拒绝人情，拒绝因缘，主要是由于能力、慈悲、道德不够，一个人如果经常轻易地拒绝一些因缘、机会，久而久之自然就会失去一切。反之，不轻易排斥，而能随顺一切因缘，则会拥有更多的学习机会。因此，一个人能干与否，就看他是经常说"YES"，还是说"NO"。

营造气氛

科学家能发明各种产品，艺术家能画出美丽的山河大地，音乐家能唱出悦耳动听的诗歌曲赋。有一种能干的人，他能营造喜乐的气氛。

一个舞台上的演员，不一定以长相美丑为标准，要看他能否营造摄受观众的气氛；一场会议，不一定以主持者的滔滔宏论为成功，主要在于他是否能营造皆大欢喜的气氛。一个家庭有许多分子，不一定看人的能力大小，主要是看此人能否在家庭中营造和谐的气氛。教师除口才之外，还要能营造课堂的学习气氛；在机关里，主管领导的能力，也要看他们的部下有没有乐于工作的勤劳气氛。

现在的金石堂、诚品书店，甚至滴水坊，都讲究为读书者营造书香气氛，7-11便利商店，首要之务是要营造消费者的购物气氛。婆媳要营造彼此相互尊重的气氛，夫妻要营造彼此有水准的和爱气氛。有钱的人要有宽广的庭园，优雅的建筑，为的是营造象征荣华富贵身份的气氛。所以，一个房屋要用字画来营造客厅气氛，厨房的摆饰主要是为了营造清洁卫生的气氛。

办公室里要营造工作效率的气氛，医生为病人看病，脸上满面笑容，以及护士们淡雅柔和的服饰，都是为了营造病房和乐的气氛。在剑拔弩张的时候，必须要有人来营造祥和的气氛，才能化干戈为玉帛；同事间互相争执，相持不下时，若能有一人来化解争执，便能营造欢喜融和的气氛。

有的人以手势来营造气氛，有的人以面部表情来营造气氛，有的人以幽默的语言来营造气氛，有的人以梳妆打扮来营造气氛。营造气氛不一定要大人物，店小二大喊一声："面一碗，菜二碟，小费五块"，也能让客人会心微笑。很多人喜爱儿童，因为儿童在群众中最能营造欢乐气氛，所以说老年人要有童心，如此才能在家庭中营造欢乐的气氛。

战场中，也要营造气氛，如安全的防空窗、防空洞，加上军旗、号角呐喊，上下一心，共同营造高昂的士气，营造必胜信心的气氛就能赢取胜仗。运动场上，教练、拉拉队的鼓励加油，能激励球员的士气。在咖啡店、茶坊、饭馆，优雅的音乐，柔和的灯光，营造娱乐的用餐气氛，生意自然蒸蒸日上，财源兴隆，可见营造气氛的重要。

看得见

　　装一盏灯，为什么？为了要看得见室内的一切；开一扇窗户，为什么？为了要看得见窗外的世界。

　　看得见，才能感到安心。人情世故看得见，才能把人际关系经营好；看不见人我关系，冒冒失失，就会冲撞别人。因此，做人眼睛要亮，心眼要开，才能看得见世道安危；将心比心，互换立场，才能看得见别人。

　　别人的表情，是欢喜，是恼怒，要看得见；自己的心里，是好心，是歹念，也要看得见。能看得见现在，也要看得见未来；能看得见别人，也要看得见自己。看得见物，也要看得见心；看得见坏，也要看得见好。

　　佛教讲悟道前后的三个阶段："看山是山，看水是水；看山不是山，看水不是水；看山又是山，看水又是水"都是看得见。

　　是山是水，看得见；不是山，不是水，也很清楚。看得见，不是只用肉眼去看，人有五眼：肉眼、天眼、慧眼、法眼、佛眼。人的肉眼见近不见远，见前不见后，见外不见内，见昼不见夜，见上不见下，而且眼睛会老化，会病变，所以人要以慈眼、慧眼、法眼、佛眼来看内外，看远近、看好事、看善事、看美事。

有的人虽有眼睛，但是看不清世道人心；有的人虽然眼盲，但他看得到世路坎坷，看得清人生的路应该怎么走。

有一球员，虽然深度近视，但是每投必中，因为他是用心眼来投球。木匠测量水平线，都是用一只眼去看，可见独眼看得正确。男女交往，在未结婚前要用双眼去看，考虑结婚的时候应用一只眼来看，结了婚以后最好就不要看，不看对方的缺点，只要想到对方的美好。

照相，焦距要对准，才能看得见目标，才能按下快门，照好一张相片；超车，看得见对方有无来车，才能保障安全。做人，不能没有因果观念，不能没有道德仁义；没有因果观念的人看不见未来，没有道德仁义的人看不见人情。人生的路，看得见自己的目标，才有希望，看得见自己的理想，才有未来。

重新洗牌

　　打麻将，一局结束了，要重新洗牌，才能继续下一局。人生，很多时候也要重新来过，才能走出人生的新局面。

　　前途，遇到障碍了，要重新找一条路来走；工作，做不下去了，要重新找一件事来做。田里的五谷长不好，要重新下种；屋子漏了，要重新装修。

　　一个人懂得"重新"做起，是很了不起的事。重新改过，重新做人，"重新"很好，怕的是执着，顽强不化，不肯改往修来。

　　朋友绝交，不肯重新和好；事业失败，不肯重新振作。其实，破产了，都可以东山再起，即使重病的人，也可以起死回生。夫妻感情破裂，只要肯重修旧好，破镜也能重圆；邦交破裂，还可以重新订盟，何必执着一点，让人生走入绝境呢？

　　有变异，就有转机。能够认清"危机就是转机"，人生即使千般辛苦，万般艰难，只要勇往向前，都能到达目标。被誉为

能不计较小事，便能减少心灵上的负荷；

能不听人闲话，就能避免不必要的争端。

台灣海孚
彰生地
上常
见草
耐旱
耐午
甚不
洋狂海
晨群
群能
精挑战
可佩
其挑
精神之
可佩
已巳夏日
廣蓝祀

依上石

"经营之神"的松下幸之助，成功之前曾经遭受重重的挫折、打击，但是他想起了乡下人洗甘薯时，一大桶待洗的甘薯，在乡下人手持木棍不断搅拌下，大小不一的甘薯，上上下下，浮浮沉沉，互有轮替。此情此景给了松下幸之助极大的启发：他发现，这些甘薯的浮沉轮替，不正是人生的写照吗？人生不会永远得意，也不会永远潦倒，因此给了他极大的鼓舞力量，最后终于成就了非凡的事业。

重新洗牌，说明人生没有定局，一切都在变异当中。例如政权的更迭，人事的改组，工商的兴衰等，社会时时都在重新洗牌，因为有不断的重新洗牌，才会有不断的进步。

重新洗牌，一切都可以改变，一切都可以重新再来。自杀的人，就是不懂得人生可以重新来过，所以对人生绝望；走投无路的人，一筹莫展，因为不知道人生可以重新洗牌，因此走进死胡同里。

其实，"两岸猿声啼不住，轻舟已过万重山"，人生很多时候看似"山穷水尽疑无路"，但是很快又会"柳暗花明又一村"。所谓"行到水穷处，坐看云起时"，人生不要因一时的失败就灰心丧志，凡事只要能重新来过，就有机会再创生机。

价值

世间最有价值的东西是什么? 是黄金? 是钻石? 当战争或饥荒的时候, 一个面包的价值可能比黄金、钻石还要重要, 可见活命最有价值。

一个男人想要娶妻生子, 对象是一位美丽的女孩, 有人告诉他, 这种美丽的女人像狮子老虎, 只要你和他成亲一天, 第二天就会把你吃了; 另外一位女士不很美丽, 反而有一点残缺, 不过她可能和你白首偕老。问他要选哪一位? 年轻人说: 我宁可选美丽的! 可见生命固然重要, 美好又更具有价值。

一个人活了七十岁, 过的都是吃喝玩乐、游手好闲的日子; 七十岁以后, 忽然觉得做人应该要为世间服务, 要过道德的生活, 要做有益于社会人生的事。有人问他: 高寿多少? 他说: 四岁。问者甚感诧异, 以为他在开玩笑。老者说: 七十岁以前只是吃喝玩乐, 感受不到人生的价值; 后来的四年为人服务, 人生才有快乐可言。所以, 没有意义的七十岁, 抵不过四岁的服务人生来得有价值!

一艘铁达尼号,几十亿的造价,上面负载了几千条的人命,可是抵不过冰山一角,造成多少人的不幸!但是一个人架着一条独木舟,也可能横渡大西洋。究竟独木舟有价值,还是铁达尼号的价值高?

一个富人,拥有一颗世上稀有的一吨重宝石,以及无数的小宝石,富可敌国。可是年年风雨,屋漏墙摇,他很想建一座坚固的大楼安身,偏又遭逢战乱连连,建材奇缺,富人虽然拥有一堆宝石,可是这时他却宁可有一些石头当建材来得实用。

一个穷秀才,隔邻的一位美女仰慕他的学问,对他百般追求,可是他却一再拒绝;后来竟娶了一个脚大手粗、又矮又胖的女子为妻。有人骂他傻瓜,放着美女不要,反而娶了一个丑女,究竟为何?这时秀才终于道出一个道理:我宁可娶一个饭碗,不要一个花瓶。明朝朱洪武与马皇后、晋朝许允与阮氏,不就是这个故事的翻版吗?

一群身段窈窕的女郎,看不起其中一位腰围很粗的同伴。一天在山路上遇到一群土匪。这些花枝招展、弱不禁风的美女无力反抗,只有任由盗匪调戏;腰围粗的胖同伴一看,上前大喝一声:"谁敢上来!"土匪闻声,落荒而逃。事后这群美女不约而同地要求道:请你教我们一些防身的方法吧!

价值,很难衡量、论断它的大小、高低;只要有益于人,只要是对生命有用的,就是有价值。

相对论

　　"相对论"是二十世纪物理学中一个震撼世界的新发现，是科学发展史上一个重要的里程碑，说明物物之间的质能、动静、时空，乃至一切色相的大小、明暗、美丑等，都是相对的。

　　平时我们的生活中，口头所说的不是大就是小，不是好就是坏，不是有就是无，不是善就是恶；乃至一切见闻觉知的苦乐、轻重、静躁、冷暖、难易、东西、南北、人我、是非等，一切都离不开"相对论"。

　　"相对论"有深有浅。浅一点的相对论可以从生活中体验，但是深一点的则不是一般人，甚至不是一般知识分子所能洞悉的了。

　　创立"相对论"的爱因斯坦晚年时，有一群青年学子向他请教什么是相对论？他生动而幽默地做了一个比方："当你和一个美丽的姑娘坐上两个小时，你会感到好像坐了一分钟；但是如果在炽热的火炉边，那怕只坐上一分钟，你却感到好像是坐了两小时，这就是相对论。"

《圆觉经》说："云驶月运，舟行岸移"，这是说明物物之间的动静是相对的。《般若心经》云："色即是空，空即是色"，这就是质与量的对待。在《六祖坛经》里也有一段"风动？幡动？"的公案，说明心与境是相对而存在，这是六祖大师体验实相后的方便示说。

此外，六祖大师还举出"三十六对法"，其中关于外境无情的有：天与地，日与月，明与暗，阴与阳，水与火。关于法相语言的有：语与法，有与无，有色与无色，有相与无相，有漏与无漏，色与空，动与静，清与浊，凡与圣，僧与俗，老与少，大与小。关于自性起用的有：长与短，邪与正，痴与慧，愚与智，乱与定，慈与毒，戒与非，直与曲，实与虚，险与平，烦恼与菩提，常与无常，悲与害，喜与瞋，舍与悭，进与退，生与灭，法身与色身，化身与报身。

世间诸法，皆为对待之法，因为有对待，因此起种种分别，时而这般，时而那般，因此烦恼、纷争不已。其实佛法以中道为根本，凡是离于中道的对待法，不管说空说有，讲色讲心，都不是究竟的。因为在真理实相中，本来一切皆空，没有相对的是非好坏、生灭有无。

所以，我们学佛，最主要的就是要我们能够离开偏执的两边，甚至善恶都一起蠲除，都能把它放下。凡是世间的对待法，通达以后，能够超越它，就能超越自己，超越对待，而过一种解脱自在的生活。

想法

　　有一个人，豢养了一只小猫、一只小狗当宠物，他每天都会亲自喂养。当他喂食小狗的时候，小狗心里就想："主人每天都这样爱护我，从来没有要我回报，这么一个大慈大悲的人，难道他是一个神明吗？"当他喂养小猫的时候，小猫心里也在想："这个人每天都给我美味的饮食，他对我的尊重、殷勤，难道我是神明吗？"

　　同样地喂食猫狗，猫狗的想法不同，自他的分别就有这么大的悬殊！所以，世间的是非、善恶、好坏，都在于自己的想法分别，实在很难为它制定一个标准。

　　在一个家庭里，同样的父母生养的儿女，有的儿女想到父母抚养之恩，每当穿衣吃饭时，就想到"慈母手中线，游子身上衣"，总感觉亏欠父母太多，将来一定要回报亲恩。但也有的儿女，总觉得父母对待别的兄弟姊妹比较优厚，对自己总是差了一点，因此离家别去，远走他乡，和父母不相往来，甚至觉得父母亏欠自己太多，有朝一日一定要向父母讨回公道。所谓"一样米，养百种人"，诚不虚也。

想法，是人生善恶、好坏、是非的分水岭。有一个人，当他穷困潦倒的时候，曾受朋友的一餐之赐，后来有所作为之后，他以良田百亩回赠朋友，正是所谓"滴水之恩，涌泉以报"。另有一人，在穷途末路的时候，有一个朋友收留他，供给食宿。后来朋友家中人口增多，实在不够居住，便在隔壁租了一间房子，请他迁居，但此人因此怀恨在心，发誓要把朋友弄得家破人亡。所谓一斗米养了一个恩人，一石米养了一个仇人，此皆是想法不同所致。

有的人贫无隔宿之粮，但是他安分守己，感谢社会的护佑，深觉社会的可贵。有的人洋房汽车、丰衣足食，但他怨恨苛捐杂税，一直想要移民他乡。所以，我们的想法可以想出天堂，也可以想出地狱；天堂地狱都在我们的想象之中。

经云："知足之人，虽卧地上，犹如天堂；不知足者，虽处天堂，亦如地狱。"对于同一境界，由于见者心识不同，其所抱持的观点也会大异其趣，所以经中又有"一水四见"之喻。一般俗谚也说："情人眼里出西施"。聪明的人，凡事都往好处想，以欢喜的心想欢喜的事，自然成就欢喜的人生；愚痴的人，凡事都朝坏处想，愈想愈苦，终成烦恼的人生。

其实，"三界唯心，万法唯识"，世间事本来如是，都在自己的一念之间。当我们以圣人之心看世间，一切人都是圣人；如果我们以盗贼之心看人，则所有人等都是盗贼。因为想法不同，就有天堂地狱之别，可见想法对我们的关系是何等的重大！

一句话

　　每一个人在成长的过程中，有时候因为父母、师长、朋友、亲人所讲的一句话，因而改变了我们的一生。

　　孔子的弟子颜琛，人虽聪明，但不立志，后来因为孔子的一句话："他不愿意苦学，我也从来没有指望他成为大材。"颜琛深受刺激，闭门谢客，发心苦读，终于在三千弟子中获得成功。

　　唐时，丹霞禅师本来是一名士子，在进京赴考途中，遇见一位出家人对他说："选官不如选佛。"他当下改变主意，到寺院出家参禅，而成为一代悟道的高僧。

　　为了一句话，有的人积极向上，发愤图强；有的人则消沉颓唐，自暴自弃。所以一句话可以使人成功，也可以使人失败。

　　有一家的父母，对来访的客人介绍自己的儿女说："这个孩子没有出息，没有大用。"那知道小儿女听了之后，心想："好，妈妈既然说我没有出息，说我没有大用，我是一个坏孩子，我就坏给你看。"

又有一个学校的老师，指着一个学生说："你这么懒惰，一点都不像读书人，倒像个小流氓。"学生听了以后，"好，老师你认为我是一个小流氓，我就做个流氓给你看。"从此就过着胡混时光的日子。

同样的一句话，有人认为这是教育、这是鼓励；有人则认为伤害了尊严，从此一不作二不休。例如：有人跟我们讲："你怎么不说好话？"有人听了就勉励自己要说好话，有人听了就想：我就说坏话给你听。

老师对学生说："你们真笨！"有的学生就发心学习灵巧，不愿意做个笨拙的人；但也有的人听了：我就是笨，我就做个笨人给你看。

同样一句话，有不同的解读，就有不同的结果。因此，父母、师长对子女、学生说话，要多么留心、多么地注意后果。禅门有很多的学生，就是因为一句话而开悟；儒家也有对弟子的一句话鼓励，而成就了学生的一生。

创办生命线的曹仲植先生，太太勉强他要皈依佛教，要他礼拜，他非常反感，几乎要成为叛徒。但一位法师在旁边说："行佛就好，不一定要拜佛。"他听了非常开心，认为行佛我做得到，所以后来便成为佛教的一位大护法。

一位刘教授，有人劝他参与九二一的赈灾，他悭吝不肯捐钱倒也罢了，还放大声音说："我什么人都不救济。"一位法师说："难道要受灾的人来救济你吗？"一句话之下，当头棒喝，如梦初醒，后来一改而成为一个乐善好舍的知识分子。

人要知道，自己的一句话对别人的影响之大，往往超乎想象，所以出言吐语，都应该要再三思之、慎之。

行情表

　　随着时代科技的发展，人在世间生活，要不断增加很多新知识，才不会被时代淘汰。例如现在任何东西都有行情：股市有股市行情、工业有工业行情、大学排行及科系的冷热门，也都有行情。甚至人事的行情，像古代买官鬻爵，也要看行情；农业耕种，春夏秋冬，四时适合播种什么，也要看行情。

　　俗云："入山看山势，入门看人意。"今日一照面，从别人脸上的喜怒哀乐、动作表情，就说明今日会有什么样的情况，这就是行情；到哪一个国家访问，事先搜集资料，了解相关讯息，知道行情，才能受命前往。

　　人际往来，自己的身价行情如何？适合与什么人来往？今日接受人家的邀宴，参加以后对彼此有何影响？到那里旅游，安全与否？举凡人生的各种行情都很重要，所以我们对各种行情表，心中都要有数。尤其，自己的行情如何，是十万元一个月，是二万元还是一万元一个月？都要称称自己的斤两。自己的道德、学问、修养、人缘、家世、教育等，也都有行情；没有把行情搞清楚，就会高不成、低不就。

过去有的女人待字闺中，一直嫁不出去，就是因为高不成低不就，也就是没有明白自己的行情，如果能够认清，门当户对就是最好的行情。

每个人每天所关心的行情不同。有的人一早打开报纸，先看股市行情如何；有的人关心菜市的行情，青菜萝卜一斤多少钱；参加一个团体，在团体中，也要知道自己的行情如何？士农工商、经济发展，也要做市场调查，对市场的行情要了解。

战国时代，吕不韦看中了在赵国当人质的异人，认为"奇货可居"，于是在他身上押宝，投注大量心血物力，后来异人果然回国继承王位，并请吕不韦当宰相，这就是行情看得准。

一个国家的行情，有的以人才投资、经济投资、工业投资、土地开发投资来衡量。但是，看一个国家现在的实力，要看它的经济；看未来的发展，则要看它的教育。教育对国家形象的提升，对国家未来的行情，具有举足轻重的影响。

行情，有时要靠充实的内涵，有时要靠美丽的包装。人，要提升自己的行情，自我充实是很重要的。美丽的包装固然能引人注目，但那只是表面的；一个人只要肯脚踏实地，一步一脚印地辛苦累积经验、智慧，一旦时机因缘成熟，自然会有行情看涨的一天。

大与小

细菌，看似一小簇，里面可能就有万千的细菌；蚂蚁，一个小洞，也可能藏有万千的蚂蚁。凡是小的动物，都是集体群居；凡是大的动物，都会分散，独自生活。

一个小池塘，可以有无数的小鱼在里面嬉戏，可是大的蛟龙、猛虎、大象、狮豹等，大都是独行其事。人类不大不小，他可以群居，也可以独处。在人类之中，"仁者乐山，智者乐水"，所以一些思想超越的人，总想走入山水之中，徜徉在大自然的怀抱里。

小的动物为什么集体群居？因为它没有太大的力量，足以抵御外界的侵略，只有靠团体的快速繁殖才能生存；大的动物有自卫的能力，它可以独自奔走，独自飞翔，有恃无恐。

自古以来，朝代兴衰，都有一些无知的农民，给统御者驱使，一哄而来，一哄而去。你看，小鱼小虾，只要有一只带头，后面就会成群结队，随着而来；一只蚂蚁，它可以率领万千蚂蚁雄兵，远交近攻。鹤立鸡群，表示鹤的高大，它不肯与鸡群为伍；凡是蛟龙见首不见尾，表示它又大又长，不与蛇同在。

一般人都把"大"看成是"力"的象征，一般"小"的都以"弱者"的姿态出现。但有时也不尽然，如果说苍蝇是狮虎致命的敌人，也并不为过；蚂蚁虽小，但一群蚂蚁雄兵，它能够爬山涉水，以大的动物为食！

一棵微小的药草，可以拯救人的生命；一滴微小的水滴，可以滋润万物。再往理论上推敲，三千大千世界，不也是在一沙一石之中吗？

万物当大则大，当小则小，如果是大的，你硬把它拘束在笼内，体能不得伸展，慢慢也会失去功能。小的动物，你也不能勉强它膨胀，失去了依靠，觉得无以生存。这就如现在的工商企业，应该经营多大的工厂商店，自己心里要有数。企图发展膨胀得太快太大，失去了基础，倾家荡产，关门倒闭，也是弹指之间的事。小本经营，以时间来换取成就，也不一定就没有成功的希望。

大人、小人，不是以身材高矮来决定，拥有大慈悲、大智慧、大勇敢、大发心，此即谓之大人也！小心小量、小力小能，此所谓真正之小，不能与大比也！

大如虚空，小如极微，一极微中能包藏无边法界，能明此理，虽小也大矣！

人有哪几种？

人有多少种？中国人、美国人、日本人、澳洲人……有多少国家，就有多少种人。人有多少种？有黄种人、白种人、黑种人、棕色人、红色人……有多少民族，就有多少种人。

人有多少种？以人格来分，有的人是圣贤，有的人是君子，有的人是小人，有的人是凡夫俗子，有的人是"非人"。人的类别，以道德来分，有的人以慈悲喜舍、以服务奉献为尊；有的人以贪小便宜、以侵略别人为务。

人有百态，人心各有不同；有多少种人，就有多少种心。有的人以救国救民为己任，有的人以卖国求荣为奔竞；有的人忠厚正直，有的人阴险狡滑；有的人宽宏大量，有的人尖酸刻薄；有的人舍己为人，有的人自私自利。

现在社会上，有初出校门的新鲜人，有从事文化工作的文化人，有投身政界的政治人，乃至经济人、工商人……在各种人等当中，有的人好名，有的人好利，孔孟以仁恕之道化世，不合其道者，任何大官他也不动心；卓文君身为富家闺秀，却看中一文不名的司马相如，可见她是个重爱情，轻富贵的人。

有的人欢喜寂静，有的人向往热闹；有的人淡泊名利，有的人热衷官场。《老人与海》的海明威把自己放逐到孤岛；《罗马假日》中的英国安妮公主，因受不了繁文缛节的宫廷生活，在访问罗马时竟悄悄地独自出游。英国爱德华八世，不爱江山爱美人；中国的顺治皇帝，不爱江山爱修道。可见，古今中外，人各有所好。

人的一生，有时在此处遇到好人，换了彼处也会遭逢坏人。有的人过去是无恶不作的坏人，但是时移境迁，一改而为乐善好施的大善人。正如"橘生淮南则为橘，橘生淮北则为枳"，世间一切都在时空因缘的变化中，无有定论。

人有千百种，重要的是你自己要做什么样的人呢？你是希望自己做一个善人呢？还是做一个恶人呢？是要做个是非人呢？还是做个正直的人呢？是做贪瞋愚痴的人呢？还是成为一个戒定智慧的人呢？你要做山中的大树呢？还是做墙头上的小草呢？你希望未来留芳千古？还是遗臭万年呢？其实人的一切，都在于自己的所为，你要做哪一种人，就看你如何规划自己！

多多利用

世间，什么东西才有价值？答案是：有用的，就有价值。

能干的人，必定是有用的人；有用的人，就有价值。一堆枯草，可以用来烧菜煮饭，它有利用的价值，你就要好好地爱惜它；一张破旧的桌椅，只要还能供人使用，你也要好好地保护它。

一栋大楼，挡住道路，给人不便，已经没有利用的价值，只有被拆除；小狗、小猫因为看家捕鼠，给我们利用，因此就要好好地爱护它，供它饮食，因为它给我们利用。

说话，要让人感到这句话对我有用；做事，要让人感到这件事对社会有益；写文章，要让大家看了觉得受用。所以，每个人都要想方法给人多多利用；到了没有利用的价值时，生命也就没有存在的意义了。

生命的存在与否，并不重要；能给人利用，发挥生命的功能，才是重要。所以，人应该趁着一息尚存，要多多给人利用；就像牛马一样，能给人利用的时候，多负重一点，多多为人服务。

猫狗给人利用，才有豢养的价值；即使是一碗水，能够用来浇花，让花盛开，散播芬芳，这就是水给人利用的价值。

废纸、废水、厨余、垃圾都可以回收再利用，连牛粪都可以利用来当燃料，制作有机肥。一朵莲花，全身上下，无一不能利用，不但能当菜肴，还能泡茶、供人观赏；"千锤百炼出深山，烈火焚烧若等闲；粉身碎骨浑不怕，要留清白在人间。"石灰，就是给人多多利用，所以为人所歌颂。

石油可供作汽车的燃料，提炼汽油后的沥青，还可以用来铺地；甘蔗可以提炼蔗糖，甘蔗渣可以当燃料，都是因为多用途，所以在人类的生活中占有一席之地。

自古忠臣给国家利用，甚至受了冤枉委屈都无怨，鞠躬尽瘁，死而后已。一个人，讲话、唱歌、做事，能带给人欢喜，充满人的能源，也是人的功用。

现在提倡器官捐赠；把器官捐给需要的人，给人利用，就是延续自己的生命。所以，发心的人，到了最后，即便死了，都能发挥生命的价值；怕给人利用，即使活着，也没有用处。因此，人要给人多多利用，否则当一个活死人，生命有何意义可言呢？

泥石流

　　人活着，必须克服自然界的很多灾害，例如风灾、水患、地震、海啸、火山爆发、寒暑冷热的侵袭等等，除此以外还有土石流的灾害。

　　泥石流是全世界分布最广的天然灾害之一。近年来发生过泥石流灾害的国家，不下近百个，包括哈萨克斯坦共和国、秘鲁、菲律宾、中国等。泥石流可以冲毁山丘、淹没农田，可以破坏河川、水源、道路，可以压倒房屋、树木，不但伤及人畜性命，甚至整个山河大地都会为之变色。

　　泥石流的形成，除了滥垦滥伐，造成山坡地的土质松软，一旦遇到风雨冲刷，大量的土石就会流泄而下，造成灾害。除此，地球室温不断上升，造成高山的冰雪融化，也会形成可怕的泥石流。大陆近年来的沙尘暴，也像泥石流，乃至火山爆发，喷出的大量熔岩，都足以淹没整个城镇。

　　中国台湾九二一震灾之后，整个九九峰历经浩劫，满目疮痪,一眼望去,似乎山峰也在流泪。从泥石流可以看出世间无常,所谓"国土危脆,四大苦空",泥石流对人间的危害,不可谓不大。

中国台湾的土地有五分之四是山丘,五分之一是平地,以五分之四的高比例,如果没有做好水土保持,任意开垦山坡地,造成泥石流,台湾地区人民的生存空间只会愈形局促。遗憾的是,一般社会大众缺乏忧患意识,对此并不以为意,因此媒体实应多加报道,以提醒人民爱护自然,防患天然灾害的侵袭。

其实,除了大自然的地理、气候,造成有形有相的泥石流以外,经济风暴,也是泥石流;社会脱序,也是泥石流;战争的对抗,也是泥石流;人类的无明情绪,更像泥石流。都足以摧毁世界,危及人类的生存。

中国文化发源于长江、黄河,是中华文化的发源地。在古代,历年来黄河经常改道,每每泛滥成灾,造成沿岸无数居民流离失所,继而群起革命,发生暴动。所以,民心所向,也像泥石流一样,爆发力并不亚于泥石流。

人的眼、耳、鼻、舌、身、意六根会生病,必须找各科医师治疗;大地亦如人体,如果没有善加保护,也会生病。防止自然灾害之道,水土保持、植树种林、不滥开垦、疏通河道,固然重要;扩大爱心,不但爱护自己、爱护社会,更要爱护自然。自然才是永恒的生命,爱护自然,生命才会永恒。

乐透了

现在的社会流行"乐透"彩券，不少人都希望自己能奇迹似地中"乐透"，一夕致富。其实，"乐透"的后面不一定都是好的，一份彩券的发行，并非"几家欢乐几家愁"，而是"少数欢喜多家愁"。甚至购买乐透彩券的人，真正中奖了，担心税金多缴、害怕邻居觊觎、唯恐不乐透的人会找麻烦，所以"'乐透'生悲"是必然的结果。

然而，欢喜快乐，人之所好；发财致富，人之所求。乐透彩券正好可以满足人们渴望发财的梦想，因此虽然只发行数期，早已席卷了整个台湾社会，使得民风淳朴的中国人，从过去与亲朋好友见面的问候语"吃饱了没有？"一改而为现在的"签注了没有？"可见乐透彩券已经走入民众的生活中。

乐透彩券对社会大众的生活所带来的冲击之大，例如：有的家庭里，先生为求明牌，夜不归宿，甚至把太太的买菜钱拿去签注，自然引发家庭风波，让全家笼罩在愁云惨雾之中。公司里，员工忙于签注乐透彩券，无心于工作，业绩自然低落，老板也无可奈何！因此严格说来不是"乐透了"，而是"糟透了"。

其实，"要怎么收获，必先怎么栽"。凡事有因有果，世间没有不劳而获的道理，即使中奖了，发财梦实现了，也得要有福报才能消受。

话说有一个乞丐，省吃俭用后买来一张奖券，结果居然幸运的中了特奖。他欣喜之余把奖券塞在平时片刻不离手的一根拐棍上。一日走过一条大江，想到一旦领了奖金，就可以永远摆脱贫穷，再也用不着这根拐棍了，于是随手把拐棍往江心一丢。回到家，忽然想起，奖券还在拐棍上，一场发财梦正好应验了"荣华总是三更梦，富贵还同九月霜"的谚语。

过去有一个国王极爱听人弹琴，于是请来一个音乐家，许以十二头牛为代价，请音乐家为他弹琴。但事后国王却赖皮地说："琴声只是让我空欢喜一场；就如我说要给你十二头牛，也只是给你一场空欢喜一样。"

乐极生悲！有和无都一样。我们想要乐透发财，只有将本求利，有播种才有收获。历史上，亚历山大东征，走遍东西南北，最后到了印度洋，一看，茫茫大海，怎么征服？这才发现，不但前途没了，后退也无路。所以，人生不要只有一面，最好要像佛法一样，重视圆融、重视圆满、重视普遍、重视平等。甚至《心经》云："色即是空，空即是色"；不增不减，不生不灭，这才是人生真正的世界。

福报哪里来？

现在社会上有一些人生活过得十分艰难辛苦，心中就认为不公平！他怨叹世间怎么有的人要金钱有金钱、要爱情有爱情、要事业有事业、要大楼有大楼、要官位有官位，我怎么什么都要不到？别人的福报到底是从哪里来的呢？

当然，福报其来有自，别人的福报必定是有福报的来源！有的人，从小就勤劳节俭，所以福报便跟着而来；有的人，他欢喜跟人结缘，所以因缘要回馈他，他就顺利了。

福报有福报的来处！福报不是偷来的，福报不是抢来的，福报不是妄想就有，福报更不是怨恨就可以获得；"一分耕耘，一分收获"，福报从哪里来？由此也就可想而知了。

你有播撒福报的种子吗？田地里如果没有播种，如何能开花结果呢？你对有利大众的公益善事，都积极参与了吗？如果你没有参与，怎么会有你的一份福报呢？

《人间福报》你有看吗？当中有多少致富的方法，你不了解，你怎么会有福报呢？"广结善缘"你实践了吗？有了善缘，好运就会随之而来，你没有结缘，怎么会有福报呢？

有一位沙弥，跟随一位有神通的禅师学道。有一天，禅师发现这个沙弥徒弟只剩下七天的寿命，心有不忍，就借故让沙弥回家探望父母。七天后，沙弥安然回到寺里，师父一见，极为讶异，就试探地问道："你在回家的七天当中，有没有做过什么事？"沙弥天真地回想一下，告诉师父："在回家的途中，经过一个水塘，发现一堆蚂蚁被困在水中，我灵机一动，就放了一片树叶，帮助蚂蚁从水塘里逃生。"

师父一听，知道本来夭寿的沙弥，就因为这一念慈悲救了蚂蚁，因此延长了自己的寿命。

一个人的福报有多少，是可以由自己决定的！一念的善心，可以消除很多的罪业；一念的慈悲，能够增加很多的功德。有的人因为"拾金不昧"而获得福报，有的人因为"不贪不义之财"有了善缘，有的人因为"救苦救难"而消灾免难，有的人因为布施明灯因此全家团圆，甚至"贫女一灯"，藉此因缘遇到大富长者，所以福报就来了。

不必羡慕别人的福报比我大，也不必研究别人的福报从哪里来，但看自己怎么做，福报就会从哪里来！

自我教育

我们生而为可贵的人，不要永远做人的儿女，不要永远做学生，让父母、老师来教育我们，最好自己做老师，自己教育自己。自己的缺陷、无知，需要教育的地方，自己最清楚，自己不做自己的老师，谁能了解你，谁能给你知识上的补助呢？

一个人，到底有哪些应该自我教育的呢？比如：如何生活？要吃饭，就要会煮饭；要吃菜，也要会烧菜。不会煮饭、烧菜，怎么可能一生都有人供应呢？

热了要脱衣，冷了要穿衣，对寒来暑往不知，容易着凉中暑。身体的各部位器官如何保健，自己无知，谁人能代替、帮忙？

自己的缺点，懒惰、忌妒、迷妄、矛盾，你有这许多缺点，可能你外相庄严，相貌堂堂，别人不知，只有自己最清楚，所以只有自己可以教育自己。自己的过错，除了天知、地知，自己知道以外，不一定人人知道。因为只有自己知道，因此也只有靠自己来教育自己。

佛经讲:"自依止、法依止、莫异依止",就是自我教育;触类旁通、举一反三、闻一知十,也都是自我教育。

自我教育,就是自我要求、自我学习。古代诸葛孔明在隆中自我教育成功、司马迁靠自己遍游各地名山大泽的阅历,以及在国史馆中自我阅读,后来完成《史记》。近代自学有成的例子,如:齐白石揣摩大自然的动植物生态,所画花鸟鱼虾栩栩如生,跃然纸上,成为书画大家;张大千在敦煌石窟中,用心临摹,成为当代知名度最高的中国艺术家。

爱迪生说:"百分之一的天才,要靠百分之九十九的努力。"只有上过几天小学,后来竟成为发明之王的爱迪生,他靠的就是自我教育而有成。中国的蔡伦造纸、仓颉造字,以及发明四角号码检字法的王云五,都是自学成功的典范。

此外,画荷的圣手王冕、无师自通的洪通,都是靠自学成功而留名。乃至流氓教授林建隆、一代翻译大家汝龙、从图书馆员变成中研院院士的曹永和等,不都是靠着自我教育而成功的吗?

所谓"自我教育",就是要自我充实,不要只想依赖别人,平时自问、自觉、自发、自悟。透过自我的观照而能找到自己,这就是自我教育成功。

尊严

做人就怕尊严扫地，保留一点做人的尊严，是人生最大的本钱。尊严不是傲慢，不是自高自大，尊严不是匹夫之勇，不是自以为是，尊严是在强权面前，不屈服、不妥协，坚持自己的立场与原则，保持自己的人格与操守。

战国时代，晏子奉命出使楚国，楚王以其矮小而开小门迎接，晏子不入，反而义气凛然地对楚人说："使狗国者，从狗门入；今臣使楚，不当从此门入。"终于迫使楚人开大门迎接。

黔娄之妻"宁可正而不足，不可斜而有余"；陶渊明"不为五斗米折腰"；文天祥兵败宁死不降，元世祖以礼厚葬；道楷禅师不为脱罪而说谎，受到后人的崇敬。他们所表现的正是"威武不能屈，贫贱不能移，富贵不能淫"的尊严。

古代的侠客与人比斗，当对手受伤之际，会给予医伤的时间，这种不乘人之危的气节，就是保持自己的尊严。但也有的人比武失败后，"士可杀不可辱"，你宁可杀死我，但不能羞辱我，这也是为了维护自己的尊严。

人不但要活得有尊严，甚至现代人提倡"安宁死"，就是死也要死得尊严。美国九一一事件，媒体为了维护死者的尊严，不拍摄罹难者的遗容，他们能尊重对方的尊严，这也是做人的厚道。

尊严不是目空一切，不是恃才傲物；尊严是坚守自己的分际。介之推辅佐晋文公回国继位后，归隐山林，宁可被火烧死，也不丧节受辱；伯夷、叔齐不食周粟，宁可饿死首阳山，也不做二朝之臣。所谓"忠臣不事二主，烈女不嫁二夫"，忠孝节义，诚信坚贞，都是为了尊严。

动物中，也有"不食腐尸"的尊严；植物里，"不经一番寒彻骨，哪得梅花扑鼻香"、"荷尽已无擎雨盖，菊残犹有傲霜枝"、"松柏不雕于岁寒"，这都是表现一种大无畏的尊严。

研究华严思想的近代哲学家方东美先生，一次游泳时不慎险些溺毙，当他奋力挣扎、大喊救命之际，忽然想起自己身为一位哲学家，面临死亡却表现得如此惊慌失措，岂不有失身份，自己平时所说的学说又有何用？当他如此转念一想，为了保持自己的尊严，放下身心，不再紧张，也不再挣扎，却反而因此浮出水面，救了自己一命。

不卑不亢，就是尊严；不为功名利禄而受威胁利诱，就是尊严。尊严就是惭耻之心，人无惭耻，如树无皮，尊严之于人的重要，由此可见。

无孔不入

"小罅可以溃堤，微隙可以伤谊"。小，虽然不起眼，但是有一些东西因为无孔不入，因此小隙不缝，终成大患。

水，就是无孔不入；空气，也是无孔不入；病毒、细菌，都是无孔不入。所谓"好事不出门，坏事传千里"；流言、坏事更是无孔不入。

无孔不入，孔就是空间；空能成就一切，任何东西，都要有空间才能装进去。

有一个徒弟，自信满满地以为自己学艺已成，准备下山，来向老师告假。老师拿出一个杯子，里面装满了石头，问他：满了没有？回答：满了。老师再拿一些细小的碎石放进去，问他：满了吗？他说：满了。老师又握了一把沙子放进去，再问：满了吗？他说：满了。最后老师加入一碗水，问道：满了没有？学生终于无语。

有孔隙，空气就会进入；有疏漏，就会失落财富。人的一些坏习惯、不正当的思想、不好的意念，也是无孔不入。但是尽管无孔不入，由于人们习以为常，没有察觉，就会被征服而不自觉。正是所谓"与善人居，如入芝兰之室，久而不闻其香；与恶人居，如入鲍鱼之肆，久而不觉其臭。"

无孔不入，相对的就是密不透风。密实，没有孔，就连风也吹不进去。一根铁棍，一称二十公斤，一个铁球，却有五十公斤重。所以，轻重不是看大小，要看密度。一个人怕自己缺点暴露，最好要有修行，厚重才能增加自己的力道。心虚，魔就会无孔不入；心中踏实、笃定，自然百毒不侵。

人有七孔，有孔才能生存；孔不通，就是生病了，就不能生存。开窗有孔，可以透气，但太大了，就会受凉。大嘴巴，就是孔太大了。

孔，有利有弊，笛子、洞箫等乐器，没有孔，吹不响；水壶、压力锅等器具，没有孔，东西就煮不熟。水沟有孔隙，才能让脏水流走。孔，要好好利用。百孔千疮，表示太烂了，不可救。没有孔，也不行，两个鼻孔不通，就会致命。

现代针孔摄影机的发明，用在好处，是科学的成就，留住时光、留住历史；用在不好的地方，揭人隐私，成为作奸犯科的武器。所以，世间凡事都是相对的，有利有弊，科学也是如此。我们不是反对科学，如果科学的发明能够往善的方面好好发挥、利用，最好再加上佛法，则科技不但能够利益世间，世界的和平，也非难以致之矣！

本末倒置

　　物有本末，事有终始，顺应自然，就是正常。否则本末倒置，便是脱序，便是颠倒。

　　说到本末倒置的颠倒，例如上下颠倒、轻重颠倒、大小颠倒、是非颠倒、黑白颠倒、阴阳颠倒等，这都是不正常。

　　世间，固然有很多人讲究秩序，讲究道理，但是也有很多人事理不分、利害不明、轻重不知、是非颠倒，像"养马种田"、"削足适履"，这种本末倒置、模糊焦点、错乱次序的人，在世间也是多得不胜枚举。

　　话说有一个人，买了一个漂亮的书架，上面却一本书也没有，朋友好奇，问明原因，原来此人为了筹钱买书架，把所有的书都卖了。

　　在现实生活中，许多本末倒置的人事物，随处可见。例如台北的捷运，既便宜又快速，不但便利，而且不怕塞车，但是有人就是不喜欢搭捷运上班，偏要开着小轿车塞在车海里，心里虽

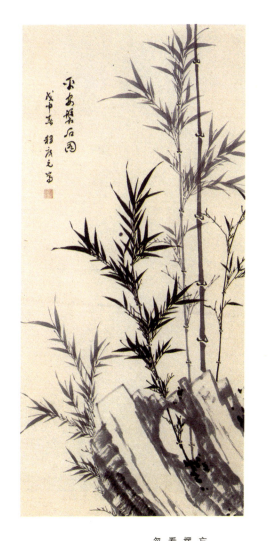

忘记自我利益，是圣人；
摆脱私人利益，是伟人；
看重自己利益，是凡人；
忽略别人利益，是小人。

美色的后面有危险的深渊；
金钱的后面有虎狼的魔爪；
毒品的后面有毁灭的陷阱，
懈怠的后面有失败的人生。

然着急，害怕上班迟到，偏偏又进退不得，徒唤奈何。

有的人，家里煮好的饭菜不肯吃，认为一定要上餐馆消费，才有价值。就如儿童，自家面包店里的面包他不爱吃，到隔壁买来的面包，他却吃得津津有味。

有的人，弃堂上的双亲于不顾，孝顺起别人的父母倒很认真；自己的兄弟互不往来，反而把一些酒肉之交视为知己。

当初佛陀在金刚座上，夜睹明星开悟的时候，一想到世间的颠倒众生，本末倒置，便想要早早进入涅槃。原因是佛陀发现，无明执着是烦恼的根源，但是众生偏以无明执着为专长；佛陀认为正信修道是法乐，但是众生认为这是苦事；佛陀说真如佛性是实有的，众生却不肯承认；佛陀认为假有的色身是虚妄，众生却执以为真。所以佛陀感叹，本末倒置的颠倒众生太多，曾有进入涅槃的打算，所幸，帝释天王请法，佛陀才打消涅槃的意念。

自古以来，多少的圣人、哲学家，宁可和聪明人吵架，也不肯和本末倒置的人讲话。在我们的朋友当中，像"揠苗助长"的愚人，像"邯郸学步"的谬误，像"过河背舟"的行为，甚至有的人"执指忘月"、"刻舟求剑"，这种错乱事理的愚人，也不少见。

一个人，如果不明事理，本末倒置，就会造成不堪设想的后果，所以做人要能从善如流，要能明事懂理。世间一切事都离不开前因后果，懂得"顺理成章"，一切事必然水到渠成，否则违反因缘顺序，本末倒置，则人生的损失大矣！

寺院的功能

在东方的国家，没有人居住的地方就有寺院；在西方的城市，重要的街道上都有教堂。教堂，供给信徒集会、做礼拜；寺院，也是提供信徒集会、诵经、拜忏之用，但是寺院另外还有许多的功能。

寺院可以供给远方的人士挂单住宿，就像简便的客栈一样，方便行商过旅；寺院又像集会所，供给社区联谊，团体开会，促进人与人之间的情感。甚至当你心情烦闷，事业挫折，感到人生不顺遂的时候，进入寺院礼拜、静坐、沉思一番，它就像加油站一样，为你加足了汽油，让你走向更远的人生旅途。

自古以来，寺院是一个艺术的殿堂，里面的佛像雕刻、绘画，乃至寺院本身的建筑之美，令人一见，自然心生宁静祥和之感。若能置身其间，聆听晨钟暮鼓、磬鱼梵唱，更能带给人心灵上的净化、精神上的鼓舞、思想上的启发，对社会人心产生一股道德的自我约束力。

　　寺院是佛教文化教育的中心，藏经楼里多少的大藏经，供给古今多少学子阅读，如范仲淹、吕蒙正、王阳明、刘勰、梁漱溟、赵朴初等，成就了古今多少的学子士人，化育了社会多少的杰出人才。

　　寺院，它是一个代表光明、正义的场所，尽管内心有多少的伤心、委屈、不平，只要走进寺院，从佛像的慈容里，都能得到抚平，如同黑暗遇到光明，让人得到信心与力量，重新出发。

　　寺院就如学校，是推广教育的中心，是善友往来的聚会所，是人生道路的加油站，是修养性灵的安乐场，是去除烦恼的清凉地，是采购法宝的百货店，是悲智愿行的学习处，更是一所疗治心灵的医院，是维护社会正义的因果法庭，是启发道德良知的教育学校，是提升文化修养的艺术中心。

　　有人说，社会需要医院、救济所，不必建太多寺院。其实出钱做慈善救济，只是一时的；寺院是永远不灭的光明，寺院是永远不沉的舟航，所以宁可多建几间寺院，造就社会教育普及，也不拿钱去瞎救济。因为救济是一时的，人心的教化，才是最究竟的慈善事业。

国宝级

　　自从联合国订定"国际文化财保护法"，许多国家纷纷将国宝级的山川文物向联合国报备，由联合国护持。

　　国宝是国家的文化财，中国国宝佛指舍利及兵马俑，与埃及的金字塔、印度的泰姬马哈陵等，都是经过联合国教科文组织评定的世界奇迹，已经成为世界唯一而且无可取代的国宝。

　　一个国家如果懂得重视国宝级的文物，这个国家就已经跻身于世界有历史文化的国家行列里了。而能够成为国宝级的文物者，必有其牵动人心的精神内涵与历史意义，或以其巧夺天工的建筑实体取胜，如中国的敦煌石窟、印度的阿姜达，乃至韩国千年以上的寺院、日本具有艺术价值的佛像等，都受到严密地保护，成为国宝级的艺术文物。

　　国宝级的文物固然要妥为珍藏，对于国宝级的人物，也应该给予尊重、照顾。中国国宝级人物如张大千、齐白石、溥心畬等，都因绘画的成就而名扬国际，成为举世之宝，为国争光。

动物中，也有名列国宝级者，如澳洲的国宝"无尾熊"、中国的国宝"熊猫"，它们因为数量稀少而被列为保育动物；印度的国宝"圣牛"、泰国的国宝"大象"，则是以多取胜，一提到印度、泰国，自然令人联想到满街游走的圣牛与大象。

国宝受人尊重保护，古今中外皆然，但也有例外者，如几年前阿富汗回教神学士政权，公然毁坏巴米扬大佛，引起举世公愤。此外，战争、蛀虫、气候等，都成为国宝之敌。

中国是世界四大文化古国之一，目前已有二十七处被联合国教科文组织列入世界文化遗产名录，名列世界文化遗产总数之第四位。然而遗憾的是，中国许多国宝级文物至今流落海外，如怀素手书《金刚经》，以及敦煌石窟中无数的佛像雕刻、绘画等艺术文物，殊为可惜。

文物无处收藏，人才无人闻问，都说明中国人缺乏爱护国宝的观念。如一代学者苏雪林教授老来无人照顾，寂寞以终；一代大师黄海岱、陈达，虽然地区领导人曾经前往拜访，表示尊重他们的分量，但也并无实际上的待遇。

其实也不一定是国宝级的人物才应重视，只要对社会有所贡献，乃至在事业上有所成就者，国家都应该爱才，要保护珍惜，而不是嫉才，甚或糟蹋人才，因其成就是属于大众的。因此国家应该拟定办法，每年选出五至十人，让全民尊之敬之，激发见贤思齐的情操。尤其对于诺贝尔奖的得主，更应该给予应有的定位、尊重与礼遇。

　　私人有宝，皆知收藏。国家之宝，何以无人重视？佛教的佛法僧三宝，佛宝受人礼拜、法宝供人诵读、僧宝有人供养。可见宗教比较懂得重视"宝"。

拔河

人，都有一种争强好胜的性格，凡事总要分出一个高低、大小、强弱、胜负，所以敌我双方，乃至朋友之间，便经常要互相较劲，也就是互相"拔河"。

拔河，有个人与个人的拔河，有团队之间的拔河。国家与国家的武力竞赛，就是拔河；民族与民族希望改种，希望自己的种族比人优秀，也是拔河。

政治上，政党和政党较量选票，这是拔河；经济上，贫富之间互争利益，也是拔河。宗教间，日本的禅宗与净土宗，也在拔河；教育界，学校与学校也要拔河，希望自己脱颖而出，成为名校。

台北市和高雄市的市政建设为了争取经费预算，拔河几十年，输赢难分。现在连台北县也要和台北市一争长短，因为台北县认为我的人口比你多，预算怎么能比你少？乃至其他各县市之间，彼此莫不希望争取多一点的经费，以期各项建设能顺利推展。

考试，就是拔河；公司与公司的业务竞争，也是拔河。拔河，就是竞争；良性竞争是社会进步的动力。为了求进步、求胜算，拔河决定输赢、胜负，未尝不好。但一个国家、社会如果一再不讲究平衡发展，只一味地争个强弱、大小、胜负、优劣；国家、社会没有祥和包容的善意，只任人性往暴戾的一面发展，岂是国家、人民之福？

春秋战国时代，各国之间的合纵连横策略，这是拔河；历史上，为了争取一个人，也在互相拔河。三国时，曹操利用徐母，把徐庶骗到曹营，表面上是胜利。但徐庶人在曹营心在汉，终生不为曹操出一谋，实际上还是刘备胜利。

现在的大学，透过联合招生来招考优秀的学生，彼此恶性竞争，败坏教育风气，又何尝是好事！

其实，人的一生，时时都在与自己拔河。自己的善心与恶念不断此起彼伏，就是拔河；自己的意志时而消沉颓唐，时而积极奋发，也在不断地拔河较量。甚至业力牵引，随重业报，更是生死攸关的一场重要的拔河。因此，在人生的旅途中，每个人都要做一个拔河运动好手，尤其在善业与恶业、佛与魔之间的拔河，千万不能败下阵来，否则前途危矣！

因小失大

世间，许多人因为贪图近利，因小失大；有的人则是只顾眼前，思虑不到未来，也会因小失大！

涓涓细流，不将之堵塞，就会成为溃堤的漏洞，后果不堪设想；星星之火，不把它扑灭，就会成为燎原的大火，结果可想而知。小时候，生活上的一些小缺点，如果不给予矫正，长大成人以后，也可能成为人格上的大瑕疵。所以说"莫因善小而不为"，积小善才能成为大善；"莫因恶小而为之"，小恶多了，则成为大恶。

生活中，因小失大的例子，比比皆是！有病了，怕看医生，花钱买成药来吃，结果延误病情，送了生命。得罪人的时候，怕说一句抱歉的话，结果成为深仇大恨。为了贪图一点小便宜，结果上了大当，像被金光党所骗，就是贪图小利；放高利贷，贪图利息，当然会被倒债。为了省钱，买二手车来开，结果状况百出，频频送修；贪图百货公司的折扣减价，买了一堆用不着的便宜货，看似捡了便宜，实际上是上当花了冤枉钱。

家庭里，为了节省几千块钱的维修费，不把门窗屋瓦弄牢固，当台风来袭，墙倒屋毁，瓦砾纷飞；庭院中的花草树木，为了节省水费，不给予浇水灌溉，致使庭园荒芜，这不也是"因小失大"吗？

台北的捷运工程，为了节省预算一亿多元，未设闸门，结果台风过境淹水，损失几百亿元，这不就是"因小失大"吗？现在台湾地区发行乐透彩券，整个社会为了签注彩券而全民疯狂入迷，养成了人心好赌的习性。虽然买几张彩券也许侥幸获得大利，结果却失去了自己宝贵的纯真性格，正是"因小失大"却不自知。

佛经里说，"沉香烧炭"、"杀子成担"，这些愚人的行为，都会造成"因小失大"的后果，正是"偷鸡不着蚀把米"、"赔了夫人又折兵"。如同"猴子拾豆"，为捡拾掉落的一粒豆子，结果放弃手中的整把豆子，这是多么划不来呀！

我们每一个人的内心里，都有无限的宝藏，可以成佛作祖，可以解脱自在，可以了生脱死，可以断除烦恼。但是为了一点五欲之乐，让尘劳覆盖了自己的真如自性，使得宝藏不能兑现。所谓"刀口之蜜，终有割舌之患"，因小失大，莫此为甚！

解读

　　朋友送给小王一盆牡丹花，奇怪的是每朵花的边缘，都因花瓣掉落而显得参差不齐。有人告诉小王：牡丹花象征富贵，现在你这盆花的边缘不圆，表示富贵不圆满。小王一听，觉得有道理，就把牡丹花送还给朋友。朋友听完说明后，笑着告诉小王：你也可以把它解释成"富贵无边"呀！

　　同样的一件事，由于各人的"解读"不同，就有不同的意义。所谓"佛以一音演说法，众生随类各得解"，正是因为解读不同的缘故。

　　在日常生活中，我们每天都在解读别人的语意、行为、眼神。例如长官的一句话，部下用心去揣摩是什么意思？揣摩上意就是解读；禅门的公案，需要用心去参，参就是解读。

　　解读不能开悟，必须直指人心！解读总有一点揣测的意思，所以凡事都应该往好处想，不要把别人的好意解读错误，坏了好事。

解读已有分别，结果自然各有不同。购买"六合彩"、"乐透"的人，到处求神问明牌，神明的显示一样，各人的解读不同。

飞机失事了，从黑盒子"解读"失事原因；医疗检查报告出来，要经由医生会诊"解读"；军事情报密码，也要由专业人士"解读"。乃至股票分析师为投资人解读股市行情；政治观察家解读各党各派，谁能当选，谁能入阁等。

经济指针、教育成效，不但要评鉴、分析，还要解读，甚至人情也要解读。王建笔下的《新嫁娘》："三日入厨下，洗手做羹汤。未谙姑食性，先遣小姑尝。"得会看相观人，察颜观色，善解人意，也是解读。

解读气象、解读地震、解读自然、解读基因，所谓"解读"者，因为一般人还不能明白，必须经过专家解读，才能周知大众。禅门的"如何是祖师西来意？"则是要你自己去设法解读密意，能解即能大彻大悟。

解读之前，应先了解背景，以免解读有误。话说有甲乙二位大臣，国王总是欢喜甲，乙经过观察解读，原来甲总能在国王吐痰后，及时帮国王擦痰，故而获得国王的欢喜。乙也想帮国王擦痰，便静静地等待时机。一日，当国王的痰吐到嘴边，乙一脚就抢先踢了过去，没想到竟把国王的门牙踢掉了。由于他没有掌握好时空分寸，不但没有达到目的，反而弄巧成拙，适得其反。

　　所以，解读时空、解读世事、解读人情、解读人心、解读生死、解读自我，有智慧的人，才能善于解读。

骗骗骗

世间，诚实的君子固然很多，欺骗的小人为数也不在少。有的人惯于"浑水摸鱼"，有的人习于"以骗为能"。拿现在的社会现象来说，假货到处乱真，假话到处流行，甚至还有假丈夫、假儿子，到处骗财骗色、骗吃骗喝！这些爱情骗子、财务骗子，甚至政治人物，公然地骗取选票，自欺欺人。这种行为骗得了一时，骗不了一世；骗得了别人，骗不了自己；骗得了世人，骗不了良知；骗得了法律，骗不了因果。

牧羊的孩子高叫"狼来了"，一次、二次，别人为他的谎言所骗，等到果真狼来了，再也无人相信，终致使人羊都遭到了伤害，这就是骗子的结果。

世间，诈骗的手段愈来愈高明，诈赌、诈财、诈物，甚至魔术、合成照片，无一不是成为诈骗的工具。虽说世间本来就是虚假，但社会真的走到今天这般"以假乱真"的程度，人间真是没有什么可以信赖的了。

自古以来，战争、政治，无一不是"以假取胜"。在三十六计当中，不少的计谋都是以骗致胜，获得最后的成功。如诸葛亮的"空城计"、周瑜的"草船借箭"、孙膑的"围魏救赵"、王允的"美人计"等。再如"明修栈道，暗渡陈仓"、"假途灭虢，一石二鸟"等，不也是以骗术而成就一时之功的吗？

人，因为没有把欺骗看成是罪恶，反而认为骗得高明、骗得有智慧，所以诚实和诈骗，善恶之间就很难有标准了。

欺骗在佛教里说是妄语、是计谋，但社会上又允许方便的妄语，甚至还赞叹善意的谎言，所以就让社会更加地真假难分了。

有的人，为了诚实，为了信守诺言，尽管再大的牺牲，他也在所不惜。往昔的圣贤"一诺千金"、"一言既出，驷马难追"、"宁可天下人负我，我不负天下人"，他们以诚实待人，所以也树立了自己美好的形象。

活在诚实的社会里，人人互信互助，世界多么美好！生存在充满尔虞我诈的社会上，时时害怕吃亏上当，这样的人间有什么可爱呢？所以，我们希望诚实成为社会的风气，宁可自己吃亏，也不要以骗为胜。

找一个领袖

"良禽择木而栖，忠臣择主而事"，寻找一个领导人是不容易的事。自古的领袖也慨叹："千军易得，一将难求"；臣事主，帅求将，看看都是不容易的事。

领袖也要有领袖的气质，诸如才华、学识、道德、明理、心量、公平、无私等，因为领袖是多人的共主，必须满足多人的需要。有的人虽然具有领袖的气质，但却没有干部跟随；因缘不容易和合，所以领袖难产。

正派的人有正派的领袖，反派的人有反派的领袖，所谓人和人好，鬼和鬼好，苍蝇和烂腿好；反派的人，气味相投，也能聚众起事。就算是反派的人，他也要大公无私，公平正直，才能服众，否则就不为领袖也。

一般落草为寇的领袖，也不全然都是以武功高强取胜，他能领导群雄，皆因气量宽弘，仁义为人所敬。《水浒传》中，宋江在梁山占山为寇，天下的豪杰望而归附之，因为他有"呼保义"、"急时雨"的美名,所以能引导天下英雄来归。汉初三杰张良、萧何、韩信,一时之选,甘愿推刘邦为共主。刘邦的才华未必胜此三人,但刘邦能成为共主,必有其领袖的气质。后汉时期的严子陵庄光,才华必定能胜过汉光武,但他自知气势、心量不及他,甘愿为汉光武招纳天下的义士,归顺其麾下,成其大汉中兴的事业。

才子,要找一个领袖,等于进门要找一个正门而入,爬树要找一根主干而上,溯溪要找一条主流而涉,走路要找一条正道而行。历朝多少忠臣义士,弃暗投明,皆为了要找一个自己心悦诚服的领袖。有时纵有一些有才华的能干之士,但因过分卖弄权势,希望争取领袖地位;"宁为鸡首,不为牛后"的思想,使得自己不但不能成为一个领袖,甚至成为一个好的干部都不可能。

飞鸽认家,令人赞赏;忠犬认主,人爱饲养。蚂蚁服从领袖,蜜蜂也有蜂王,有领袖就容易聚众,就容易成为团结的力量。佛世时,舍利弗、目犍连,本为婆罗门教的领袖,但遇到佛陀,甘愿皈依其座下,终于位列"十大弟子"而名垂千古。今日青年迷失了自己,迷失了目标,不能领导人,也不能被人所领导,像个无祀孤魂,一事无成。所以,我们要想找一个领袖,先要做一个肯服从领导的好干部。因为,人可以成为领袖固然很好,但能为领袖所重用,也是成功。

合适最好

世间什么最好？适用最好！

绫罗绸缎做的宽大衣服，穿在身上不合适，还不如粗布便服来得实用；豪华而空大的别墅、庭园，如果没有管家的仆人除草、浇水，偌大的房屋庭园也成为累赘。

世间，黄金钻石最贵，但是饥荒的年头，宁要一个面包，也不要一块黄金钻石；一双过大的皮鞋，因为不合脚，不如穿一双大小合适的布鞋来得自在。

"法无贵贱，适合为贵。"百货公司里，消费者购买东西，都是选择自己觉得最合用的东西，但不一定是最名贵、最有价值的东西。一个机关里缺少职员，不一定征聘最高学历的学术人才，他一定聘请堪任其位的职员。

化妆品，不一定名贵，适用就好；所谓酸甜苦辣，没有绝对的好味，自己喜欢就好。所以，我们不一定赶时髦、找名牌，家里收藏很多古董、名牌，而生活艰难，又何苦来哉呢？

学子考试，不管工科、理科或是文科，符合自己的志趣，就是第一志愿。男女结婚，男人选择的对象，不一定是美女，女人选择的对象，也不一定是帅哥。毕竟花瓶不比一个饭碗有用，广场也不如一间小屋可以栖身。

世间法没有绝对的好与坏，各得其所，各适其用。不要比较，只要有用，就是最好。有用，比有钱更重要；有用，比有名更好。有用的人，比虚而不实的人更伟大。

甘茂奉命出使齐国，正当乘船渡过一条大河时，船夫说："河水不过是小小间隔，你却不能自己渡过去，还能替国君去游说吗？"

甘茂回道："话不能这么说，世间事事物物，都各有长、短处。谨慎老实、善良厚道的人，可以侍奉君主，却不宜让他去指挥军队打仗；骐骥骒骓这样的良马，它的脚力能跑上千里路程，把它放到宫廷房间去捕捉老鼠，那就远不如一只小猫。干将是很锋利的宝剑，名声传扬天下，如果木匠拿它伐木料，那就比不上斧头。现在拿着船桨让船只在水中上上下下地随意流动，我不如你，但游说大大小小国家的君主，你就不如我了。"

"天生我材必有用！"世间三百六十五行，只要找到适合自己发挥的领域，所谓行行出状元，每个人都可以是最杰出的人才，只怕好高骛远，高不成低不就，永远找不到合适的工作，最后必然一事无成，潦倒以终。所以，人的能力，不足是个遗憾；过分地眼高于顶，也是失败。

敦厚宽容

《佛光菜根谭》说："得理而能饶人，是谓厚道，厚道则路宽；无理而又损人，是谓霸道，霸道则路窄。"

人要有容人的雅量；心量有多大，成就便有多大。战国时代的蔺相如"相忍为国"，因为敦厚宽容，原谅仇敌，所以至今为人所传诵。

清朝雍正因为康熙的一句"好好爱护你的兄弟"，尽管后来诸王离心障碍，企图谋篡，雍正却从来不曾起过杀心。春秋时代，楚庄王宽恕了调戏爱妃的部将，最后终获该将以身护王来回报他。

唐宋八大家之一的苏东坡，与宰相章惇从年轻时即相识相交，但章惇当政时，却把苏东坡发配岭南，之后又贬到海南。后来苏东坡遇赦，章惇却反被放逐到岭南的雷州半岛。苏东坡听到消息，在给朋友的信中对此表达无限的同情与难过，并且对章惇的儿子说：过去的无须再提，多想想以后吧！

宽容是美德，包容是促进人类和平的良方！凡事只要本着尊重与包容，一定能得人望。反观历史上，不少贵极一时的文臣武将，因为专横跋扈、待人严苛，最后终因树敌太多，招来杀身之祸，例如清朝的年羹尧、鳌拜，太平天国的杨秀清、韦昌辉等，正是历史殷鉴不远。

政治人物惺惺相惜，能臣报效明君。文人虽然相轻，但也能相互推崇。讲信重义的人，大多能以敦厚宽容的心待人，例如过去江湖上的侠客义士，也有"一笑泯恩仇"的美谈，他们尽管有着再大的仇恨，在诚信正义之前，都能握手言欢，重修旧好。

做人处事多一分包容谦让，就少一分倾轧障碍。李登辉离开国民党，参与"台湾团结联盟"，为人议论；郝柏村、李焕"不沾其名"，为人怀念。

在中国的民间故事中，多少晚娘尽管苛薄对待前妻的子女，然而同父异母的兄长，每得到东西总是先让给弟弟，甚至对父母极尽孝道，赢得后人的尊敬。

有时对敌人宽容就是对自己残忍，但这也不是必然的道理，反而敦厚的人必得人助。甚至原谅别人就是有益自己，因此在亲情里，在道义前，要能宽容。一时无心的怒气言语，往往毁掉多年培养的友谊与功德；能以敦厚宽容的善心对待生活中的一切横逆，久而久之成为力量，前途必然平坦顺利。

典礼

　　每个人的一生，或多或少总会举行或者应邀参加亲朋好友的婚丧喜庆等各种典礼。"典礼"这一个仪式，对个人、团体、社会来说，都具有非常重要的意义。

　　有关个人的典礼，有结婚典礼、毕业典礼、就职典礼，甚至到了人生最后还有丧葬典礼。对团体而言，有开幕典礼、闭幕典礼、颁奖典礼、升旗典礼，或是周年庆、新产品问世等等的典礼。至于国家方面，有阅兵典礼，飞机首航典礼、军舰下水典礼，以及开国纪念日、伟大人物的纪念日等。

　　典礼是一时的，但它的纪念价值是永久的。典礼过后，重要的是，要让典礼的意义一直延伸下去，能够独特而恒长的发展。

　　典礼，有的是每月一次，有的是每年一次，有的是一生一次。典礼，从参与的人员，也可以看出这个典礼的隆重与否；甚至一项事业的价值如何，从典礼中也可以窥见一斑。

古代的皇帝登基，如康熙十二岁临朝听政，年纪虽小，但他登基后所施展出来的抱负，数十年后举国上下都受其影响。社会上，多少人本来也是平常的，但经诺贝尔颁奖之后，他辉煌的一生，意义就不同凡响了。

一场典礼，所费不赀，从典礼的场地，到典礼的参加人员、贵宾、布置等等，都能透露出主人的身份、地位。尤其中国人好面子，在贵宾之中，总希望邀约当权者、有财富者、有权势者、有名望者与会，可怜这许多功成名就的人，平日就为了参加各种典礼，恓恓惶惶，奔跑各地，放着正事不做，专为应酬典礼而虚度人生。

各种典礼，代表着人生的荣耀乃至生离死别。典礼，在个人、社会，都有其必要，但要尽量减少不太相干的人士之麻烦，只要与典礼关系重大的人士、亲友参加，就有意义。

然而今日台湾社会，但看一个政要白天要跑多少地方，参加多少次丧葬典礼，到了晚上，还要赶赴多少场结婚的喜宴。典礼，为这个社会花去的成本，可以说是一笔很大的开支。

典礼，不要把它当成是应酬性的、是联谊性的，要重视其精神内涵与实质意义；典礼，也不要只是撑撑场面，更不要以别人的身份来光大自己的荣耀。典礼，只要求其适当就好。

寒冬暖意

大自然有春夏秋冬，人的一生，不会完全是春天，也不会完全是冬天。人生，一定有春夏秋冬的过程。

身体上，有强弱好坏，就如春夏秋冬；心灵上，有胸怀壮志，有意志消沉，也是春夏秋冬。人情的冷暖、世道的治乱，都是春夏秋冬。

经济有时也会进入严冬；百业萧条，就是经济的冬天。人的工作，也有顺境逆境、得失荣辱，也是春夏秋冬。当一个人的心情陷入低潮，进入严冬的时候，要给他一些暖意，让他振作。所谓"寒冬送暖"，能够"雪中送炭"，自比"锦上添花"来得有意义。

几十年来，中国台湾提倡一个令人感到骄傲的活动，就叫"冬令救济"。到了寒冬，对于贫困人士，尤其路人游子，给他一些茶饭、一盏路灯，让夜归的人及游民们，能够获得一餐温饱，就像寒冬里的太阳，总能带给人一股暖意。乃至平时对监狱里的囚犯，给他鼓励、教化，对独居老人，登门关怀、慰问，这都是寒冬里的一股暖流。

人际间，只要彼此能像太阳一样，温暖对方、照耀对方，能像一把火一样，热热地溶化对方，即使寒冬里也有暖意。就如仙崖禅师教化吵架的夫妻说："再厚的冰块，太阳出来也会溶化；再生硬的饭菜，熊熊的火光也会煮熟。"

父母教育儿女，要以慈爱代替呵骂，就像仙崖禅师感化翻墙外出夜游的弟子，他不怒，也不骂，只是殷殷叮咛："夜凉了，小心感冒，快回寮房睡吧！"一句温言暖语，都能为寒冬平添暖意。

《禅林宝训》说："煦之妪之，春夏之所以成长也；霜之雪之，秋冬之所以成熟也！"人要承受得起春风夏雨，也要受得住秋霜冬雪。所以对于世态炎凉、人情冷暖，尽管人家给我们的是严霜的寒意，但我们还是应该用笑脸待人，与别人分享暖意。

人生就像四季，任谁都难免时逢冬天；失业、破产、落第、失恋，都如人生的寒冬，要坚忍下去。一个能干的人，不但无惧于人生的寒冬，反而能在寒冬里坚定自己的意志、锻炼自己的体魄，以待时机因缘。因为当春风吹起的时候，寒冬总会过去。

减肥

"窈窕淑女，君子好逑"，《诗经》里的一句话，影响了几千年来中国人的审美观点，认为"瘦就是美"，致使许多爱美的女性，或是为了取悦于所爱的人，或是为了赶时髦而拼命减肥。所谓"楚王好细腰，宫中多饿死"；"女为悦己者容"，古今皆然。

肥胖，是一种民生富饶的象征。根据最近医界的访问调查显示，全台湾约有一百万人希望减肥，而且不分男女。造成肥胖的原因，除了少部分生理病变以外，大多与吃不无关系。说起来真的是很矛盾，人因为好吃而发胖，胖了以后又再吃药减肥，甚至节食、断食，最后得了厌食症，真是自找罪受。

身体过胖固然要减肥，国家的经济预算超出，也要缩减；人事编制过多，也要裁员；乃至现在的垃圾知识，如报纸张数太多，也都需要精简。

一个人的烦恼妄想太多，负担太重，需要放下；人情太浓了，也要节制；尤其欲望太大，更要减肥。平时对于衣服、日用品等，所谓"君子居不求安，食不求饱"，要能清心寡欲，恬淡知足。如《佛遗教经》云："受诸饮食，当如服药，于好于恶，勿生增减，趣得支身，以除饥渴。如蜂采华，但取其味，不损色香。"

人体过分肥胖，容易引发高血压、血管阻塞、心脏病等，更会造成行动不便，精神也会因此懒散、萎靡不振，因此佛陀曾为波斯匿王说《减肥经》。

肥胖也与年龄有关，人一到了中年，往往会有横向发展的现象，所以有谓"千金难买老来瘦"。其实，适当的胖，过去叫"发福"。夏威夷第一任土著酋长选皇后的标准，愈胖愈美；日本相扑，也都是肥肥胖胖的。跳草裙舞的舞者，就是要胖，胖还能赚钱呢。所以当胖就胖，当瘦则瘦，太肥太瘦都不好。过犹不及，顺乎自然就好。

肥胖往往是因为摄取过多的脂肪所致。脂肪过多虽然令人讨厌，但是人体也不能没有脂肪，它保护内脏、调节体温，是提供热量的三大营养素之冠。一公克的脂肪可以产生九大卡的热量，是醣类及蛋白质的二倍。但因储存热量的能力较高，吃多了而未及消耗，就会囤积在皮下组织，让曲线变型，体重增加，所以很多爱美的人士，都会尽量少吃，以此为减肥之道。

节制饮食固然可以达到减肥的效果，多运动更是保持身材健美的良方，如朝山、跑香、礼佛、拜忏、绕佛等，都是很好的运动，可以促进身体健康。平时若能乐观进取、放下安然，更能宽心自在，可保身强体健。

公平

　　心平气和；不平则鸣。人因为经常互相比较、计较，觉得别人待我不公平，因此惹出许多的是非烦恼。例如婴儿时期就懂得透过触觉，比较谁的疼爱多，借着哭声表达自己的计较；上学读书时，又比较谁的分数高，计较老师是否偏心；踏入社会以后，则比较谁的待遇好，计较老板是否公平；即使父母去世了，还要比较谁的财产分得多，计较遗嘱是否公正。

　　人，因为喜欢比较、计较，喜欢衡量彼此的待遇是否公平，因此一切的分别于焉产生，纷争也就应运而起。像古来"七国之争"、"八王之乱"等兄弟阋墙乃至骨肉相残的惨剧，莫不是由比较、计较而引起。

　　民国初年，汪精卫因为时运不及蒋中正，做不到国民政府主席，在比较、计较的情结下，觉得事属不公，因此愤而与日人合作，组织和平政府，最后反而落得汉奸之名，悔不当初。

　　人都希望别人以公平待我，但事实上佛教讲："理上虽然佛性平等"，然而"事上却有因果差别"，因此人间本来就有很多的不公平。

根据统计，台湾做义工的人口有一百万人以上，但是平日看得到相关的新闻报道吗？反而庙堂之上，只要有人挥他一拳、扭打一回，隔天报纸就是满版大篇幅的报道。一百万义工所做的事，及不上一个拳头，你认为公平吗？

全台以圣贤自居，守道德的人口占一半以上，不守道德的人只有几十、几百人，可是报纸天天就是只有那些人的消息，你说公平吗？别人花了十年苦心研究出来的产品，不到十天，就被盗印、盗拷、盗版，大为流通，充斥市面，你说公平吗？知识性的好书，没有人看；色情的书籍，大肆风行，你说公平吗？甚至，你认为诺贝尔奖公平吗？大国欺压小国，公平吗？猫吃老鼠，公平吗？

世间的公理到底在哪里？"公理自在人心"！"因果自有公平"！尽管世间法因为受到个人主观、情感等因素的影响，很难有绝对的公平，甚至即使赖以维系社会秩序的法律，也常因为受到客观因素所左右而难以获致绝对的公平。然而世间还是有公平的存在！因此，我们不必气恼人间功利充斥，缺乏正义，更无须悲愤社会没有法理，不讲公平。其实，因果之前，人人平等，因果才是人间最公平的仲裁者。

开发潜能

　　有一个嗜酒如命的酒鬼，一天喝得烂醉如泥，回家途中，经过一处公墓，掉进一个丧家雇人挖好，准备隔天下葬用的大坑。酒鬼使劲地爬，爬了半天还是白费力气。这时，忽然听到有一个物体落地的声音，原来另一个酒鬼也掉下来了。

　　前面的酒鬼赶紧躲到一旁，他想看看后面的酒鬼是怎么爬上去的，自己也就跟着怎么爬上去。没想到后面的酒鬼也是烂醉如泥，爬了好几次总是徒劳无功。前面的酒鬼看了不忍心，随口说了一句："老兄，甭爬了，没有用的！"没想到后面的酒鬼听到这句话，一下子就蹦上去了。他想，怎么会有声音，莫非是——鬼。

　　每个人都有无限的潜能，尤其遇到危急的时候，平时弱不禁风的人，一下子力气百倍；平时拙于言谈的人，遇到挑衅，也会针锋相对。

　　人的潜能就像能源藏在海底、埋在深山里，需要开发才能显现出来。根据专家研究报告，人有无限的潜能，但平时使用者，只是几万分之一而已。所以现在社会上流行脑力开发、心灵开发、幼儿开发等各种开发潜能的课程。

开发潜能，首先要肯定生命的价值，我们每个人的生命都有无限的价值，切不要以为自己只有五尺、六尺之躯，能有多少能力？能有多少作为？其实生命里面有无限的价值，即使小小一个平民百姓也能扭转乾坤，有时小兵也能立大功。所以我们要肯定自己、相信自己，可以为社会做出很大的贡献，为自己成就很大的事业。

其次，人要勇于面对现实，有的人经常慨叹世态炎凉，人情冷暖，觉得很难在社会上立足，觉得现实太残酷了。其实只要我们以一颗平常心处世，只要我们把自我潜能发挥出来，只要我们做好自我的价值评估，然后勇敢地面对现实，必能有所作为。

当初佛陀开悟的时候曾说：大地众生皆有如来智慧德相，人人皆能成佛。人都能成佛了，还有什么不能的呢？所以每个人都有无限的潜能。只是人往往沉迷于世间物欲，迷惑于世间的情感，把自己的真心本性蒙蔽了。现在我们只要清除自己心灵上的尘埃、污垢，涵养我们本自清净的心灵，如此自能把自我的潜能开发出来。

能不计一时成败，才能成就千秋之伟业；
能不计个人得失，才能图谋万民之福祉。

一味盲进，往往自误误人；
进退有据，才能有守有为。

社会风气

古人尚义，今人好利；前人崇德，时人重财。由于"世风日下，人心不古"，所以现在台湾地区的社会风气败坏，浑水摸鱼、贪污舞弊者有之；打架、口水之战，不时有之；色情泛滥、功利主义更是充斥人心，整个社会"只要于我有利者，男盗女娼，不要紧；于我无利者，仁义道德，吾不欲也。"在社会呈现一片纷乱之际，当局的施政失去方向，许多决策经常反复不定，到头来一团稀烂。所以现在急需有智慧的人，为社会痛下针砭。

社会风气的形成，有的是民俗信仰使然，有的是历史文化所致，有时是约定俗成，有时当局的政策也会主导时尚，例如乐透彩券的发行，更加激发人民一夕致富的发财梦，造成赌风日盛。

此外，人有追赶时尚的习性，只要流风所及，人必随之，自然形成一股无法阻挡的社会风气。例如近来网咖的风行、网络交友的盛行，乃至偷拍、盗版、盗拷、抢劫之风猖獗，在在说明风气具有无形的感染力，风向所及，往往影响及于全民。

古云："君子之德风，小人之德草，草上之风必偃。"改善社会风气，要从上层的领导人以"身教重于言教"做起。例如从政者要注意自己的言行操守，不可以动辄随便骂人，甚至拳脚相向，乃至以搬弄是非、制造矛盾为自己谋出路。所谓"上梁不正下梁歪"，整个社会没有良好的示范，如何培养出身心健全的下一代？

此外，只重利害，不重是非；好人好事未受表扬，没有见贤思齐。尤其传播媒体扩大宣传色情、杀盗等血腥暴戾事件。对这些负面的报道，民众要有拒看、拒听、拒传的道德勇气。甚至媒体主动发起不登色情、暴戾等社会新闻的运动，从净化媒体做起，进而每个人守法、守分、守德、守道，社会风气自会得到改善。

现在的信仰、信佛、信道，都能改善社会风气。佛光山提倡说好话、做好事、存好心的"三好运动"，以及"七诫运动"、"把心找回来"等，都是为了改善社会风气。

甚至平日的禅坐念佛、朝山活动，落实文教、提倡正当娱乐，甚至发心做义工，人人广结善缘，参加读书会，建立书香社会与书香人生，慢慢必能带动社会风气的改善，人心必能获得净化。

佛指出土奇迹

中国大陆近年来陆续从各地挖掘出埋藏于地下的珍贵文物，如马王堆汉墓、秦兵马俑等的出土，成为震撼全世界的重要发现与新闻。一九八七年，考古学家在陕西扶风的法门寺发掘出唐朝地宫里的佛指舍利，更是举世轰动，为人类文化遗产及佛门圣物的发现，写下辉煌灿烂的一页。

印度阿育王时代，曾将佛陀的佛骨、佛指、佛牙、佛陀的头发等遗物送至世界各地建塔供养，适逢中国皇室的崇信与怀念佛陀，因而起塔供养，故在中国境内即有十九处舍利塔供奉佛陀的真身舍利，法门寺的佛指舍利塔，即是其中之一。

佛指舍利在唐朝贞观年间，备受七位皇帝的尊重供养，而成为皇家寺院。自唐太宗开始，每三十年为一期，七度将佛指舍利迎入长安与洛阳，供臣民膜拜。贞观年间，太宗为佛指舍利修建四层高的宝塔，至明朝万历年间，则将塔重建为十三层高。

有人尊重，必有人反对。韩愈在《谏迎佛骨表》里认为，迎请佛指舍利之举乃劳民伤财，因而触怒唐宪宗，将其贬至潮州。唐僖宗时代，许多珍贵的当代文物、珍宝与佛指舍利，随着皇帝的下诏，从此埋藏于地宫之中。一九八七年，由于清理倾倒的宝塔地基，使埋藏于地宫中的佛指舍利得以重现于世。

佛指舍利出土后，台湾佛教界纷纷表达希望恭迎佛指舍利来台接受民众供养的愿望，中国佛教协会以及相关人士的居中促成，大陆决定在"星云签头，联合迎请，共同供奉，绝对安全"的原则下，让佛指舍利前往台湾地区供民众瞻仰礼拜。

佛指舍利为吉祥圣物，象征佛陀的悲智双运，所谓"佛在世时我沉沦，佛灭度后我出生，忏悔此生多业障，今日才见如来身"。台湾地区民众因缘福报之深，由此可见。

佛指来台内情

昔曰：凡是团体与团体的互动，个人与个人的利益往返，皆以实物作为信物，彼此征信，进而演变为订立协约的形式。如：和平协约、两岸协议，以及来自民间的"契约"等等，皆用作"征信"。

中国大陆的佛指舍利来台供养，必然也有协约。两岸多年来各种规约无有竞争，彼此欲透过协商谈判以达成共识，难矣！就佛指舍利来台一事，签订协约的过程虽仅是条文与数字的组合，但期间往返、组织、协调此事，实非外人所可想象。大陆虽表诚意，愿将珍宝借迎台湾供养，但为了佛指舍利的安全、运输，活动的参与人士、人数，其间的每一细节、环扣，非容易解决得了。

恭迎佛指舍利来台，可说是宗教界的大事，大陆方面全力支助我方，台湾方面也全力协助各项所需。就如两岸人士往来恭迎佛指舍利，若无出入境单位的协助，实在不易成行。

说到佛指来台的安全问题，众人皆说："安全！安全！"但，安全的标准在哪里？安全的底限是什么？如空运，飞机就安全吗？说安全设备，防弹玻璃就能万无一失吗？佛指舍利供奉的地方，经过几番安全上的考虑与防备，然佛指舍利为大陆所有，他们可尽量要求，但台方进行的工作，要想一切尽如人意，实在难矣！

我们也感谢大陆官方人士，将此事归为"宗教"事务，然而佛指是超越一般文物的价值，已被视为国宝级的圣物，就佛弟子的立场，也能感受到大陆的好意了。现在佛指舍利终于来台供养，双方所订的协议内容，要待佛指舍利归回法门寺，其中无有意外，才算功德圆满。

其实，人与人之间用合约来相互约定，实为不得已的下策。自古君子一言，驷马难追，因此说话算话；过去君王金口玉言，不可更改，全凭彼此信用。守信、守义，甚至心中一念，皆愿照实完成。就如我曾动过"想要报答您"的念头，虽是一念，多年后仍念念于心，总希望能早日完成此念。但现在信用已不可靠，即使将契约对簿公堂，人们仍会为自己的利益，使尽浑身解数以争夺之。

世间有句话说，不侵犯条约最为有用，因以彼此互不侵犯为基本道德。佛教中的五戒，不杀生，即对生命、个体的不侵犯；不偷盗，即对财产、财物的不侵犯；不邪淫，是对身体、名节的不侵犯；不妄语，是对名誉、信用的不侵犯；不饮酒，乃对毒品、健康、思想、理路的不侵犯。能守五戒的人，则人与人之间就不需其他条约来相互规范了。

鞋子的启示

脚在人体上的功用，职司行走，具有很重要的功能。为了保护这么重要的双脚，人们发明了鞋子。

鞋子依其质料及穿着的场合不同，分有木屐、拖鞋、皮鞋、凉鞋、草鞋、运动鞋、马靴、溜冰鞋、登山鞋、芒鞋等。

鞋子穿在脚上，不但具有保暖的实质功能，还有美观的装饰作用。前菲律宾总统马克斯夫人伊美黛甚至收藏多达数百双的鞋子，以此展示她如日中天的权势地位。

然而，贫穷与富贵的差距就是这么悬殊，有的人以收藏鞋子为乐，有的人却是苦于没有鞋子穿。在过去中国的农业时代，许多人由于家贫，从小渴望拥有一双鞋子不可得。不过尽管大家几乎都是赤脚走过童年时代，却反而养成惜福爱物，感恩知足的美德。

话说有一个人，因为没有鞋子穿，正在抱怨家境贫寒之际，看到另一个没有脚的残疾人士，不禁为自己拥有健全的双脚而感恩。正是比上不足，比下有余。

在伊朗的电影《天堂的孩子》一剧中，主角为了想得到一双鞋子，参加一次赛跑比赛，虽然比赛结果跑了第一名，他却哭喊着说："我只要第三名"，因为第三名他就可以为妹妹赢得一双运动鞋。感人的剧情，赢得不少观众的热泪。

在民间的传说中，也有这么一则故事：有一头驴子驮了一个人，半路上不肯再往前走，主人打它，它就倒在地上。不久，来了一个仙风道骨的人，吟了一首偈子："前世穿你一双鞋，今生驮你十里来。"说后，突然不见。这则故事启示着"善恶因果，丝毫不爽。"

在佛教里，僧众所穿的罗汉鞋，鞋面有六孔，象征六度，表示修道人应该勤修六度波罗蜜，同时也象征看破世间一切无常的事物。所谓"上床脱下一双鞋，不知明朝来不来？"因为人生无常，所以要把握每一分每一秒，心存正念，精进不懈怠。

其实，鞋子穿在脚上，虽有护足的功能，何尝不也是一种束缚。因此，脱了鞋子，就如卸下重担，表示人要放下心中的挂念，随缘自在。但另一方面，人要照顾脚下、站稳脚步、按部就班，所谓"一步一脚印"，人生的路是靠自己走出来的，所以每个人都应该"立定脚跟做好人"，能够脚踏实地地走，才能走出自己光明的前途。

捷径

　　人都有抄捷径的习惯，有的人为了争取时间，放弃大路不走，走捷径小道，希望快速抵达目的地。

　　走捷径不是不好，看书，前后翻一翻，就能了然书中之旨，何尝不好？有的人从头看到尾细细阅读，但是不能把握重点，可能也看不出所以然来。所以走捷径要有走捷径的条件，只要有条件，何必浪费时间？

　　一见钟情，也是走捷径，却可能白首偕老；恋爱十年，可能结婚一年后就离婚了。所以绕路不一定就好，时空长短，用佛法来看，没有绝对的好坏，一切都是因缘。

　　启发式教育，重视思想训练；填鸭式教学，直接提供答案，这也是抄捷径。启发式的教育虽然过程缓慢，一旦理路通达，自能触类旁通，其实这才是做学问的真正捷径。

　　嫁个有钱的金龟婿、娶个有钱的富家千金，都是致富的捷径；就读名校、结交上流社会，扩大人际关系，这也是事业成功的捷径。投资移民、国外依亲，都是找平安的捷径；上补习班、开夜车，也是争取好成绩的捷径。

打仗，有的扩大包围，有的抄小路偷袭。"明修栈道"，"暗渡陈仓"，这是战争上的捷径；"远交近攻"，"合纵连横"，这也是克敌制胜的捷径。

出家，当生成就，立地成佛，就是走捷径；但是菩萨道又是长远的，三大阿僧祇劫，难行能行，难忍能忍，不求速成。所以，修行其实没有捷径可走。

听人讲演、开示，有时一语点醒梦中人；一句话就开悟了，这就是捷径。走捷径有时也像走路、乘车、搭船、坐飞机，因为价码不同，自然就有不同的结果。

当有要事待办，必须走捷径的时候，即使冒险，也都值得一试；如果按部就班就能完成的事，为了求平安，又何必走捷径冒险呢？

交通上的捷径，必须认识方向、目标，要知道防患虎狼等危险，才有捷径。人情上的捷径，要有忠孝诚信，才能结交为友，才是捷径。教育上的捷径，要精进用功，闻一知十，懂得会意，才有捷径。金钱上的捷径，要用心经营，将本求利，才能回收成本，才叫捷径。如果没有捷径的因缘，还是老老实实地用功，本本分分地生活，因为做人忠厚踏实，才是人生旅途中最重要的捷径。

新与旧

人活着不能没有理想与目标，就像船行海上，不能缺少导航的罗盘与明灯。理想与目标时时指引着我们前进的脚步，我们也唯有在不断地追求目标、达成理想的过程当中，生活才能得到充实，生命的意义才能获得发挥。

然而，人的欲望是没有止境的，理想与目标不断在提升，所以在各方面就要不断地求新、求变，也正因为如此，才能带动个人的成长与社会的进步。因此，历朝历代都有"变法维新"。"新"意味着进步与美好，"喜新厌旧"也就成了人类的天性。

"新"的固然要追求，"旧"的往往是经过了时间的历练，而成为一种宝贵的经验，它是求新、求进步的凭借，所以新的事物固然要接纳，对于旧的经验也不容遗弃，两者是并行不悖、相辅相成的。例如，学生在求学过程中，应该时时温故知新，才能在知识的领域中有所增益。孙中山先生创立三民主义，也是秉持中国固有文化及撷取西方文化的精华，不但是中西文化的交汇，更是新旧思想的融会。

在我们的社会里，固然由于有不断求新的精神，才能带动社会的进步，却也由于人类有怀旧的情感，才能在进步繁荣中平添一份温情，而使生命的意义提升。

汤之《盘铭》曰："苟日新，日日新，又日新。"诗曰："周虽旧邦，其命维新。"每逢过年，家家户户总要来个大扫除，除旧布新；人体的细胞，也是时时都在新陈代谢，汰旧换新。"天行健，君子以自强不息。"由于天道的运行不已，时序的交相更替，人们一生当中，总要历经无数次新旧更换的过程与经验。自强不息的人，能从每一次的冲击中，获得智慧，不断成长；而意志薄弱的人，却往往迷失于新旧潮流之中，无所遵循。

新与旧，无所谓绝对的好与坏，只在于如何取舍运用。《三字经》说："中不偏，庸不易"，我们在处世的态度上，对于新与旧应该秉持中庸之道，一味地墨守成规，将流于迂腐、落伍，但过分地标新立异，却又显得轻佻、肤浅，如何从旧有的经验中求变化，才是进步之道。

中途站

一场战争，要有中途站补给军粮，生养兵力，才能打胜战；飞机长途飞行，要有中途站补给油料，才能安抵终点。人生的路途长远，要想走得顺利，必须要有理想、智慧，要肯跟人结缘、与人为善，这些都是人生的中途站。

车行高速公路，需要有休息站加油，才能长途远征，休息站就是中途站。自古佛教在各地兴建旅馆、茶馆，就是方便旅人的中途站。

一棵大树，可以供路人乘凉、休息；一座桥梁，可以帮助行人从此地到彼地，也是人生的中途站。

有的人经营事业，只是玩票性质，并非人生的最终目标，它只是生命中的一个跳板，是一个中途站；有的人做工，打算几年后赚了钱，就要自己创业，做工只是一个中途站。

谈恋爱，但不结婚，几年后另有打算，这是感情的中途站；海外投资，开创事业，却没有移民定居的打算，这是事业的中途站。

　　人，设计中途站，有种种的用心，就像《法华经》的"化城喻"说：有一位善于引导的导师，带领着大众，前往藏有珍宝财富的地方，但是因为路途遥远，沿路走来好不辛苦。这时有许多人生起退堕之心。导师为了要给大家鼓励、信心，就方便地说："快到了！快到了！前面就是一座大城，我们可先到城里休息，等精神体力完全恢复了，再继续前往藏宝的地方就不困难了。"众人一听，疲惫的身心顿时又精神抖擞。

　　现在的寺院，提供信众拜佛、修行，也可以说是"化城"，是中途站；甚至"西方极乐世界"、"东方琉璃净土"，也是暂时休息的地方。佛教最主要的目的，是要我们证悟涅槃，证得"大圆种智"，达到究竟的解脱。所以，宗教的信仰，可以做人生的起点，也可以是人生的中途站，更可以是人生最终的目标。

　　人生旅途漫漫，抵达终点站之前，需要有很多的中途站，供我们养息、加油、充电。一间房子、一个朋友，将来当我们需要的时候，都是我们的中途站。我们在接受人家给予我们的同时，自己也要经常思想：我如何回馈别人？当人我之间能够互相帮助、相互提供助缘，这就是人生的中途站。

春秋大梦

　　小时候，每个人都有梦想，有的人愿像小鸟一样，能够展翅高飞，翱翔天际；有的人希望驾着一叶扁舟，云游四海，过一过《鲁宾逊漂流记》的孤岛生活。

　　长大后，有的人想做一日皇帝，有的人祈愿百日生天，有的人希望一夜致富，有的人渴盼长生不死。尽管有的人希望羽化登仙，有的人希望点石成金，各人所求不同，但梦想总是代表着人生的一个目标。

　　人，因为有梦想而伟大，每个人都应该有自己的梦想！乞丐都能考状元，鲤跃龙门；屠夫也能放下屠刀，立地成佛，人为什么不能有梦想呢？只是现在世间的人，往往空想、妄想、杂想，每天只想不做，如此不能实现的梦想，就是春秋大梦。

　　守株待兔，这不就是一场春秋大梦吗？缘木求鱼，这也是在做春秋大梦。不读书想考第一名，这不也是在做春秋大梦？不勤劳务实，却希望事业有成，更是难以实现的春秋大梦。

　　梦想而能够实现者，就是理想；不能实现，就是妄想。现在年轻人浮而不实，都是在做春秋大梦。不运动，希望身体好；不结缘，希望人家尊敬自己；不努力，无因希望有果，都是在做春秋大梦。

　　其实，有梦想总是好事，梦有时也是延长生命，梦有时也在创造生命，扩大自己的世界。但是南柯一梦、黄粱一梦，总不能长久；春秋大梦，更不能做，因为无法实现。

　　袁世凯复辟帝制，卖国求荣，却只做了八十三天的皇帝，便在万民唾骂声中，一病不起；王莽篡汉建立新朝，后来命丧义军之手，历来为史书所谴责。袁、王两人称王称帝的梦想，到头来都只是一场春秋大梦，徒留骂名。

　　现在的人喜欢走捷径，凡事孤注一掷，例如没有本钱，贷款经营，就是春秋大梦；印假钞、盗用信用卡，不工作，只想不劳而获，都是在做春秋大梦。

　　梦想没用，前途要靠自己"一步一脚印"慢慢地走出来、做出来。有的人不朝成功的方向想，不想过程的艰难，只想得到结果。就像卖牛奶的小孩，幻想自己卖了牛奶以后，可以买鸡蛋，鸡蛋孵化成小鸡，小鸡长大又生蛋，蛋又生小鸡……，如此赚了很多钱，然后娶妻生子，成家立业……当他正想得欢喜时，一不留神，牛奶打翻了，梦也醒了。

　　人，想要成功立业，希望发财致富，都无可厚非，但是无论我们经营任何生意，从事任何行业，成本预算、风险评估、市

场调查、勤劳务实，有了万全的准备，才有成功的把握。否则只
说不做，到头来再伟大的梦想，也只是一场春秋大梦，梦醒了，
一切都是空的。

◎ 第一次

第一次

　　一个人的一生，数十年岁月，当中一定有很多的"第一次"：第一次会讲话、第一次上学、第一次当选、第一次出国、第一次得奖、第一次结婚、第一次赚钱、第一次有自己的房子、第一次买车，这些都是好的"第一次"。

　　好的第一次当然愈多愈好，不过坏的第一次也不能不注意。第一次抽烟、第一次喝酒、第一次逃学、第一次赌博、第一次吸毒、第一次发脾气、第一次骂人、第一次打架，有了这许多的第一次，后果就不堪设想了。

　　有了好的第一次，想要再进一步有第二次、第三次……，这就犹如逆水行舟，必须花费一番很大的力量才能更上一层楼。如果坏的习惯有了第一次，则好比顺水而下，以后就不知如何终止了。所以，一个人的行止，第一次是非常要紧的。

　　女性被人强暴了，可能从此自暴自弃，沦落烟花场中营生；第一次偷窃，得到了利益，他就心存侥幸，于是第二次、第三

137

次……，可能从此沦为窃盗之徒。好像一块白布，染上了一个斑点，干脆就把整块布染成别的颜色，后面再多的斑点、再多的污秽，都不再觉得严重。所以一个人立身处世，好的行为可以勇于去做第一次的尝试，不好的行为则要慎防第一次。

在《百喻经》里有一则譬喻说，一位妇女生了七个小孩，其中一个生病死了，她就把死去的小孩摆在家里，自己带着其他孩子到外面露宿。邻居看到这种情形，就告诉她："你这样做是错误的，应该将死掉的小孩搬出去埋葬，让其他的人住在家里才对。"妇人想：一个小孩用扛的比较麻烦，不如再杀死另外一个孩子，用挑的比较轻松。

这个譬喻说明，一个人如果做错了事，应该立即改过，千万不能认为既然犯错了，反正别人认为我是有污点的人，干脆一不做、二不休，这样地重复犯错，就真的不可救药了。

人有善缘，自然就会有许多善的第一次。我遇到第一个好老师，后面当然就会想要有第二个、第三个好老师；第一次读到一本好书，自然会想再读第二本、第三本好书；第一次交到一个好朋友，就会想要有第二个、第三个好朋友；信仰佛教的人，第一次尝到禅悦法喜，就会想要有第二次从拜佛中得到法喜、第三次从禅坐里感受法乐……，如此善因好缘自然就会循环不断，所以"第一次"何其重要！

水的启示

"阳光、空气、水",这是人生三件宝。

地球上,只要有空隙,阳光都能穿透照射;只要有空间,空气都能吹拂充塞。只有水,虽然黄河、长江、海洋的水很多,但有些沙漠地区少水,也会干旱成灾。所以,有水的地方,才有文化;有水的地方,才有金钱;有水的地方,才有万物。

水有四德:沐浴群生,流通万物,仁也;扬清激浊,荡去滓秽,义也;柔而难犯,弱而能胜,勇也;导江疏河,恶盈流谦,智也。

水有仁、义、智、勇四德,但水也会泛滥成灾,成为祸害。如污水令人头痛,难以处理;洪水带来灾害,损失难计。即使是女人双眼里的泪水,也不能小看它的力量,过去的美女,一笑一泪,都能决定世界的幸福与灾害。

有人说:水清鱼难养,因为有一些小人总喜欢浑水摸鱼。所以,有人用油与水来形容小人与君子的性格:油的滑腻浓稠是小人，水的清白恬淡就是君子；水可以使不洁的成为清洁，油则使清洁的变成不洁。

人的性格就如同水，君子和人做朋友，君子之交淡如水；有的人和人相交，不能成为甜如蜜，就会成为祸如水。

人要学水，水有水的原则，水可以自己流动，也能让其他的东西随着流动；水能自己找到进路，不求于人；水遇到阻碍，能百倍打倒阻碍它的力量。洗涤污浊，更是水的特点。

"水深波浪静，学广语声低。"这是有修养的人用水来勉励自己。水的性能能高能下，能进不退；水能载舟也能覆舟，水滴可以穿石。佛教经常用佛法来比喻"法如水"，因为水的功能可以解渴、洗涤、生长；而佛法的法水，也能洗涤我们的罪业，真理能解除人的饥渴，有了佛法，自然欣欣向荣，和谐相处。

山有多高，难以测量；水有多深，很容易知道。因为水愈浅，流愈急；水愈深，波愈平。做人要能容纳百川、察纳雅言，不要随风起浪，不要意气吹皱一池春水；能够心如止水，平静无波，最为高尚。

所以，做人处事要能如"水"——遇山水转，遇石水转，遇岸水转，无论遇到谁，我转！因此在人生旅程上，何妨委曲婉转，流出我们自己的独特流域，流出我们自己理想的曲线。

什么最强？

什么最强？

有人问：世间什么最强？

一、钢铁最强，但是烈火可以熔化钢铁。

二、猛火最强，但是遇水可以熄灭猛火。

三、洪水最强，但是太阳可以蒸发洪水。

四、太阳最强，但是云层可以遮蔽太阳。

五、乌云最强，但是狂风可以吹散乌云。

六、暴风最强，但是高山可以抵挡暴风。

七、高山最强，但是登山者能征服高山。

八、狮虎最强，但是苍蝇可以叮噬狮虎。

九、恶人最强，但是恐惧可以吓死恶人。

十、死亡最强，但是修行者能克服死亡。

最强的，有时候"强中自有强中手"，怎么逞强好胜，都有别人可以对付他，俗语说："打死会拳的，淹死会水的"，所以很强、很大都不足为凭。所谓"天外有天，人外有人"，其实世间除了钢铁、暴风等不是最强之外，那么，什么最强呢？

一、有信仰的人最强。因为有信仰的人，他信仰因果、信仰道德、信仰三宝，所以他可以天不怕、地不怕，甚至生死都不怕。他可以凭着信心，越过困难，打倒挫折，踏遍荆棘，走向未来。

二、有正见的人最强。因为有正见的人，他知道是非善恶，知道因果报应，知道好坏利弊，知道正邪迷悟，知道委曲求全，知道勇敢向善，不会误入歧途。

三、有智慧的人最强。因为有智慧的人，他明白事理，知道仁义道德，能够辨别是非，懂得权衡轻重，凡事深入了解，最后能做出理性的决断。

四、有慈悲的人最强。因为慈悲之力，可以降服一切；慈悲之力，可以克服邪恶；慈悲之力，可以助成事业；慈悲之力，可以没有敌人。

五、有柔和的人最强。因为柔能克刚，柔有韧性。牙齿和舌头，牙齿比舌头刚硬，但人老的时候，齿牙动摇，甚至都掉光了，而舌头却是完好如初。所以做人要"只从柔处不从刚"，有柔和的人最强。

世间，一般人都希望自己做人中的强者，但是强弱是相对的，此处强，可能彼处弱，世间永远没有第一，冠军究竟能维持多久？所谓"江山代有能人出"，哪里有第一和最强呢？烈马也有适性者骑，毒药也有人懂得"以毒攻毒"。所以，世间没有什么真正最大、最强，只有慈悲喜舍最大，只有因果报应最强。

听话

听话，有很多的层次，会听、善听、兼听、偏听、全听、谛听，都是听话，但内容各有不同。

听话，小孩子听父母的话，学生听老师的话，部下听长官的话，仆从听领导的话，都是好事。但有的人不会听话，专听闲话、听是非、听传言，甚至有的人喜欢听别人的赞美，明明是假话，他也听得非常喜欢，这种不会听话的人，社会上比比皆是。反之，有的人听到别人义正严词的指责，虽然非常难堪，但他心中欣然自喜，甚至还口说感谢，表示接受教训，这是会听话，但这种人毕竟为数不多。

爱语之辞，人人欢喜；忠告之言，必然逆耳！自古的明君都能接纳谏言，唯有昏君才听不下忠言。唐太宗之所以能拥有"贞观之治"的盛朝，唐玄宗之所以开创"开元之治"等政绩，都是由于肯听忠臣的谏言治国。但是一旦小人当道的时候，再英明的君主也禁不起谗言是非的蛊惑而搅乱了朝政。

　　诸葛亮在《出师表》里谆谆教诫后主刘禅，要"亲贤臣，远小人"。谁是君子，谁是小人，真正的明主，从听话里面就可以察觉。可惜人性的弱点就是喜欢听人说虚伪的言辞，所谓"一言以兴邦，一言以丧邦"，只在于会听话、不会听话的分别而已。

　　佛陀的一句偈，你会听，你就可能开悟；禅门的祖师，一句话头，你会听，你也可能因此契入真理。所以会说话的人固然重要，会听话更为重要。

　　佛陀讲经，讲到深奥的地方，如《金刚经》里教诫弟子要"谛听！谛听！"有时候，大家都能懂得佛陀说法的心要，佛陀也赞美大家"善听，诸佛子！"但是现在社会上一般的青年，明明是一句好话，他也可能误听，表示他不会听话；本来是一句普通的闲话，有的人能够善解其意，把他转化成自我勉励的语言，这就是会听话。

　　一句话，能鼓励人上进；一句话，也能使人意志消沉，语言的力量可真不小。《人间福报》的读者们，你对于一句话的好坏，是怎么辨别的呢？

我在想什么？

一个人身体上最宝贵的，就是大脑。我们每天的所思所想，乃至面对问题的智慧、看法，都是从大脑流露出来的。甚至想天堂、想地狱，想成圣贤、想当小人，都在二六时中的一想。现在我们不妨问一下自己：我每天都在想什么？

儿童时代，只想到父母爱他，只想到有巧克力、有冰淇淋，他就心满意足了；到了青年阶段，他想要有爱情、有职业、有快乐，似乎拥有了这些，人生也就夫复何求了！

经商的人，希望一本万利，大发利市，每天心里所想的，都是如何赚钱；从政的人，希望飞黄腾达，功成名就，时刻心意所念的就是如何升官发财。

我们每天都在想什么？一般人只想自己，不想别人；只想利益，不想功德；只想近利，不想远忧；只想烦恼，不想快乐。其实我们可以换一个角度来想，不一定只想自己，也可以想想别人。父母，我孝顺得周全吗？社会，我奉献得够多吗？我给人间布施了多少欢喜因缘? 我为大众成就了多少功德利益?

甚至你也可以想: 想自己惭愧、想自己不足、想自己每日所用,是多少人的共同成就,我应该如何回馈,才能不负大众的恩惠? 但现代的人,满脑子都是在自私、欲望、烦恼里兜圈子,甚至想侵占别人的所有。有的人更想后花园里小姐赠金,想半夜里狐狸美人出现,想找一个帅哥张生,想为女儿钓一个金龟婿,乃至想洋房、想汽车、想股票,到了最后想出无边的烦恼,痛苦不堪,连觉都睡不安稳,时时都在七颠八倒之中。

佛教有谓"不怕念头起,只怕觉照迟。"人,有时连自己在想什么,自己都浑然不觉;一个无法掌握自己思想的人,如何为自己的人生掌舵? 所以禅宗教我们要照顾自己、照顾所缘,也就是要"念念分明"。做事之前,先想想,这么做有益于人群吗? 说话之前,先想一想,这句话说出来合理吗? 说话人不爱听,做事侵犯他人,终究会遭到反弹。

话说有甲乙二人,一言不合,大打出手,结果甲把乙的鼻子咬下来,乙把甲告到官府,甲辩称是乙自己咬下的。法官说:人的鼻子比嘴巴高,他自己怎么咬得到呢? 甲向来说话不合逻辑,他就不假思索地说:他是自己踩到架子上垫高后才咬到的。

一个人的身、口、意三业,身行口说,都是经由意念所想,发而为行,所以照顾好自己的念头、想法,行为就不致于有了偏差。因此我们要常常观照"我在想什么?"当发现有了不好的想法,就要及时修正。平时最好想想感动的事,想想人生的光明面，所谓"心想事成"，当你在八识田中不断地播下好的善念种子，还怕不能结出甜美的花果吗？

定时器

　　定时器，是指现代人举凡闹钟、电饭锅、冷气、录像等家电用品，都是透过仪器的设定，定时自动操纵开关，是谓"定时器"。

　　定时器，其实说的就是我们人类自己。人，到了一定的时间要吃饭，不是定时器吗？到了一定的时间要睡眠，不是定时器吗？每天的吃喝拉撒，都有一定的时间，如果不按照生理的时钟作息，就会百病丛生，所以人体本身就像一个定时器。

　　其实，大自然也都是定时器，春夏秋冬，不是该什么时候来就什么时候来，该什么时候去就什么时候去吗？甚至春夏的花开，秋冬的霜雪，不都是定时而来，定时而去的吗？鸟类，该什么时候在哪里过冬，该什么时候在哪里过夏，任凭你千山万水的迢迢路程，它也会定时飞往。昆虫的冬眠，鲑鱼的产卵，不都是定时的行为吗？

　　大自然的运转，人类生活里的运作，都是定时器。甚至从生到老、病、死，不都是定时的行为吗？有时纵有一些夭亡、长寿，那也是各自业力的定时。

现代人依着定时器的原理，利用机械来计算时间与生活配合，确实带给人类生活作息上不少的方便。例如寒暑表，他能感受一定时间的冷热，给你一个冷暖的预知；闹钟会定时提醒你的作息；冷暖气机可以设定开关的时间。甚至你跟朋友定时的约会，不管居住远近，分隔东西南北，大家都会按时到达。乃至现在的房屋买卖，各种契约，也都是按时解决问题，免去许多纠纷。航空飞机，现在更是设定程序来定向飞行，无须人力驾驶。

人类是善于处理时间的动物，只可惜在时间里的吉凶祸福，就无法事先预知了。尤其现在社会上更有一些阴谋分子，利用定时的原理，发明制造出所谓定时炸弹、定时爆破、定时录像等仪器，来达到作奸犯科的行为，正是"水能载舟，也能覆舟"。

不过，"法非善恶，善恶是法"，人应该从定时器获得启发。也就是说，我们应该设法定时创业、定时生涯规划、定时成功立业，甚至人既然能定时完成学业，为什么不能定时圆满人生呢？

月亮不一定要圆满，残缺也是一种美；
人生不一定要拥有，享有也是一份福。

学而能用，是真学；
知而能行，是真知；
真学真知，是智慧。

聚散总是缘

因缘实在是宇宙人生最奇妙的真理！世间万事，成也因缘，坏也因缘，就例如人生的聚散，聚散总是缘！

朋友相识、夫妻结合，一定有因有缘，才能相聚在一起；离散，也是有因缘才会离散。父母儿女，今生有缘成为一家人，一旦因缘离散，也会人各一方，甚至天人永隔。

岂止是人生聚散总是缘，大至世界，"成"也是缘、"住"也是缘、"坏"也是缘、"空"也是缘，"成住坏空"总是缘；人生，"生"也是缘、"老"也是缘、"病"也是缘、"死"也是缘，"生老病死"总是缘。

国家从成到败，也都是有因缘主宰；一个家庭的兴旺衰微，也都离开不了因缘。一件物品，一桩事业，所谓"一事一物"，一旦离开了因缘的关系，也就不复存在了。

"缘"之一字，说来简单，释迦牟尼佛多年的修行，最后觉悟的，只是"缘"之一字。从知识上看，缘是很好懂的一个道理；从人间成败的上面，大至宇宙，小至微尘，都在一个"缘"字之中，那就不是一般人容易明白的道理了。

一朵花，就算有了种子，有了泥土、阳光、空气、水分，假使没有"缘"的结合，它也不会开花结果；一栋房子，就算砖瓦、木料、器材都具备了，甚至图样、工人、执照都齐全了，如果这当中没有"缘"的聚集，也不能成为房子。

人都希望成就事业，但要知道先决的条件。"缘"在哪里呢？两个人一旦感情不睦，分手的时候，伤感、怨恨，彼此计较，但是你有了解"缘"的聚散分合吗？

缘是相互的，缘是彼此的，缘是合成的，既然聚散总是缘，缘在哪里呢？在我们的手中，在我们的口里，在我们的心意之内。天地日月，山河大地，男女老少，风霜雨雪，好好坏坏，哪一样不是我们的缘分呢？

很多的好事，因为一句话破坏了因缘；很多看似不可能实现的事情，因为有人从中给予一点助缘，反而使其成功了。父母师长给我们一些缘分，让我们成就人间多少的事业；一些不当的人士，他也会破坏人间许多的好事。所以，成也是缘，败也是缘，"缘"之一字，对我们是多么的重要。因此，我们要注意多给别人一些好因好缘，可能别人也会给我们一些善美的因缘喔！

恶作剧

恶作剧是一些没有君子风度的人，喜欢用一些小动作来作弄人、吓唬人，作为取乐之道。

过去的学生时兴作弄老师，现在的朋友之间也喜欢互相作弄。恶作剧有时是存心的、故意的行为，如黑客书写病毒程序入侵计算机，这种恶作剧浪费社会成本，造成人心不安，损人又不利己。还有的谎报火警、谎报何处有爆裂物，让警员、消防人员无谓地四处奔波，自己却引以为乐，这都是不尊重他人，不尊重专业的鄙劣行为。

周幽王以烽火台戏弄臣民，为了博得褒姒的欢颜一笑，最后国破家亡，代价不可谓不大。牧羊的孩子大叫"狼来了！"戏弄农夫拿棍棒来保护羊群，但是人家上当一次、二次，最后他的羊群终于被狼给吃光了。

恶作剧有时只是朋友之间纯粹开玩笑的行为，比如抓一只蟑螂、摆一只小老鼠在抽屉中吓人，或者戴个假面具扮鬼吓人，让别人受到惊吓，他却在旁哈哈大笑。

有时虽是无心的恶作剧，但玩笑开过头，多年的好友可能因此反目成仇，甚至造成无可挽回的伤害，例如有一名小学生，趁同学准备坐下时，出其不意地从后面把椅子抽走，造成同学跌倒，伤及后脑，从此变成植物人。

恶作剧有时未必能作弄到别人，反而被人给戏弄了，此中的因果实难预料也。一位同事对小张说："总经理因为你做事认真，有功于公司，他请你到他办公室去，准备送给你一瓶葡萄酒作为嘉奖。"小张一听，是总经理的命令，岂敢延迟，立刻走进总经理的办公室，却见总经理一脸迷惑的表情，心知被作弄了，赶快向总经理说明原委。总经理不愧是一个善于处事的人，听后当真拿出一瓶白兰地，对小张说：这瓶酒就送给你吧！小张拿着酒兴高采烈地走出总经理办公室，当着门外一群准备看笑话的同事面前，高举着酒瓶扬长而去。所以，搞恶作剧的人有时反而会被人摆上一道。

在美国，每逢万圣节的时候，就有人扮成各种鬼怪出来吓人，一个文明如美国的社会，不知怎么会有如此奇异的风俗，真是叫人匪夷所思。在中国台湾，每到四月一日愚人节，也有人以作弄别人为乐，把痛苦加诸在别人身上，不知何乐之有？希望搞恶作剧的人，能以助人为乐，不要再以作弄别人为自己取乐之道，可不宜乎！

谏言

　　人要有雅量，才可以听到很多的谏言；听不见谏言的人，即使花香雨露给他，他也不能受用，这是非常可惜的事。

　　父母教养儿女，经常都会提出严肃的谏言；老师教导学生，教导之外，有时也会个别的给予谏言；朋友之间，够交情的话，他也会提出一些谏言。

　　历史上的魏徵，是有名的谏议大夫，但人不赞美魏徵的谏言，反而赞美唐太宗能接受谏言，可见接受谏言的人是圣主明君。平常一般人能接受别人的谏言，也是仁人君子啊！

　　谏言是正面的、是纠举的、是规劝的、是建议的、是训诲的。给予人谏言，要有勇气；接受人的谏言，则是一种智慧和美德。

　　缇萦小小女孩，为了救父免于肉刑，勇敢地向汉文帝提出谏言，陈述肉刑的痛苦，终于感动了汉文帝，不但免除其父的罪状，并且立即废除了肉刑。诸葛亮在《出师表》中，一次次地谏言，希望后主刘禅要亲贤臣，远小人，可惜虽有贤臣的谏言，刘禅终究是扶不起来的阿斗。

历代的君主兼听则明，偏听则暗。对大臣的好话，一言以兴邦；谗言则一言以丧邦。好的谏臣，也要有好的明君能听得进耳。

古代帝王领导政权，叫上朝议事，大臣可以在这个时候上奏本，提建言；现在的企业集团、人民团体，都用集会来商议，求得共识。在会议时，取决于多数，取决于专家的言论，所以独夫的性格，不容易存在。

孟子见梁惠王，梁惠王说："老先生，你有什么利益给我的国家吗？"孟子说："大王，有仁义就好，何必要讲利益呢？"孟子的谏言，也要有德的明君，才能听得懂这种道理。

谏言，是一种智慧的告白，是一种远见的说明，是利害得失的分析，是忠诚的直言。但是，提谏言的人如《佛光菜根谭》说，讲者要令人能堪受，不堪受不能达到目的，不仅无济于事，反而适得其反。

我们的社会要进步，唯有大家都能敢言、直言、谏言、忠言。

同心

"同心"是人与人相处最宝贵的交集，与同心相类的，有人称同志，有人称同门，或称同派、同学。

所谓同心，就是同一个意志、同一个理念、同一个思想、同一个目标、同一个看法。人，尽管有许多的不同：国家不同、种族不同、肤色不同、性别不同、言语不同、程度不同，但只要同心，世上就没有什么事情是做不成的。

国家的政要，尽管党派不同，但是为国的理念要同心；一个团体，就算利害关系不同，但是为了团体的发展大计，想法要相同；宗教的教派，在理念上可以不同，但是共同的信仰、共同的发展要相同。"兄弟同心，其利断金。"既然同一个宗派，同一个团体，怎么可以有很多不同的计较呢？"不怕虎生三个口，只怕人怀二样心。"可见同心是多么重要了。

父母不同心，母女不同心，兄弟不同心，所谓"家不和，被邻欺"。虽是异姓人士，结为金兰之交，刘、关、张，成为异姓兄弟，不是也为蜀汉打出一片天下吗？几千年来"桃园结义"不是一直在历史上被人歌颂传扬吗？太平天国初创，上下同心，在当时那样一个物资奇缺，几无生存的条件下，就因大家同心协力，故能侵城掠地，建立所谓的"小天国"。后来有了权势、名利，各王离心，各怀鬼胎，终至败亡覆灭，这就不是没有原因的了。

中日之战，中国实在无一可与强大的日本相抗衡，但由于全国民众同仇敌忾，上下一心，终于取得抗战的胜利。

所谓"同心"，并不是要全国人等、全体人等、全家人等，只能有一个要求。其实人各有志，各有各的要求，这是在所难免的。但是要有大体的共识，要以大局为重，所谓"放弃小我，成就大我"，那就是同心了。

人与人之间建立同心固然很难，但同心之外，还能够包容异己，这就更不容易了。佛教的菩萨，能做到无缘的慈悲，成佛之后，更是心包太虚，因为十法界都在一心之中，又何劳去分别呢？

异想天开

    美国画家詹姆斯·唐尼，一次突发奇想，他计划集合全球一百万人在特定的日子里，以激光指示器为画笔，以月球为画布，共同"画月亮"。唐尼相信，在秋天的夜晚，当一百万个激光指示器一同指向目标时，半个处于夜间的地球人都可以看见月球表面一块美丽的小红点，这将是人类有史以来最伟大的艺术品。

    唐尼此一"异想天开"的点子虽然被许多科学家认为是不可能实现的梦想，但他们又表示届时仍将加入画月亮的行列，因为毕竟人类是因为有梦想而伟大的。

    的确，登陆月球，过去人们认为这是不可能实现的梦想，但曾几何时，阿姆斯特朗的一小步，不是早已开启了人类历史的一大步吗？复制羊、复制牛、器官移植、人造器官等，在过去不也认为这是异想天开之举？然而现在不仅复制动物，科学家甚至融和基因工程与基因转植两项高科技生物技术，成功地创造出世界上第一只萤光鱼，未来也可能利用同样的科技，创造出萤光猫、萤光狗。人类生化科技让许多原本被认为是异想天开的事，变成了事实。

哥伦布发现新大陆，库克船长发现澳洲，乃至明朝三保太监郑和下西洋时，他已经到了马六甲，如果他当时再发一个奇想，向前走一步，澳洲不就是三保太监郑和发现的吗？

莱特兄弟不发奇想，飞机怎么会飞上天？富兰克林不发奇想，怎么能从风筝的实验发现了电，而使人类的文明向前迈进一大步呢？这不都是突发奇想，不正是异想天开的结果吗？

哲学家不发奇想，怎么能够探求宇宙人生的奥秘？科学家不发奇想，天文、地理、物理等知识，怎么能让我们知道得更多？漫画家不发奇想，哪里会有米老鼠、唐老鸭、爱丽丝梦游记呢？即使文学家也要有奇想，才有《封神榜》、《西游记》，才有《格林童话集》、《安徒生童话集》等伟大的著作问世。

所以，思想是现实之因，现实是思想之果，只要正当的思想，即使梦想都可能成真，还怕思想不能实现吗？一个人最怕的就是胡思乱想，每天只做些永远不能实现的妄想，那就是蹉跎时间，就是徒然空费人生岁月了。假如循着合理的逻辑来想，就算"异想天开"，也有实现的可能喔！

冲突的可怕

世界上，只要有两个东西，就会有冲突！

两个国家会打仗，两个民族会斗争，两个兄弟会阋墙。牙齿和舌头虽然功能不一，但因朝夕相处在一起，牙齿也会咬到舌头；水火本来各不相干，但是水能浇灭火焰，火也能蒸发水源。

从世间一物克一物的原理，就知道冲突的可怕。螳螂捕蝉，黄雀在后，就是一物克一物的冲突；猫子捕鼠，黄狗咬猫，也说明了冲突的循环与不可避免。

在这个世间，劳资纠纷、告状诉讼、利益不均、看法不一，都会造成可怕的冲突。尤其一些不平的意气，乃至小小的误会，常会引发口角之争，甚至器械的斗殴，这都是人类在发生冲突的时候，不肯冷静的思想，不肯将大事化小、小事化无的结果。

自古以来，有一些冲突是自然天成的定律，例如：风雨摧残花草树木，但花草树木没有风雨又不能生存。战争与和平，两不相让，但没有战争，人类文化史就少了颜色；如果没有和平，人间也不见得可爱。

善良和邪恶冲突，邪恶更想打倒善良。是非不相融，佛与魔也各拥有一半的世界。夫妻相爱，反目成仇的时候恨不得即刻离开；男女本来互不相识，因爱而发誓永不分离。

其实，爱恨永远都是有冲突的，离开爱恨，才能离开冲突。冲突的原因，因为你我不同，因为水火不容，因为相互不等，因为事理不当，因为长短不齐，因为爱恨交织，因为强弱悬殊，因为立场互异，因为有无不均等等，都会造成可怕的后果。

要解决冲突，只有容忍，只有和平，所谓"一忍万事休，一和天下贵。"我们赞叹佛陀"愿将佛手双垂下，摸得人心一样平。"世间，减少"两个"的对峙，只有"一个"，每一个人都是我的兄弟姊妹，都是我的国家、我的同胞，统统都是我的，真有这样的想法，也会减少冲突。从都不是我的，无我相、无人相、无众生相、无寿者相，也会减少冲突。能够把有无都摆在一边，在有无之外，还会有什么冲突呢？

摸摸良心

明朝理学家王阳明先生,有一大率领学生到别处讲学。行经路上,听到两个妇人在吵架,其中一人对着另外一人骂道:"你一点天良都没有,你不讲天理。"另外一个妇人回骂:"我怎么没有天理,你才没有良心呢!"

王阳明听了,对学生们说:你们快来听,他们在讲道说教呢!学生回答:老师,他们是在相骂,不是在讲道。王阳明说:他们一个在讲天理,一个在讲良心,不是讲道是讲什么呢。学生一听,觉得有理。这时王阳明又对学生说:天理良心用来要求自己就是道,要求别人就是相骂。

生活中,经常听到有人指责别人丧失天良,也就是没有天理、没有良心。像现在有的人不尽人子之道,弃父母于不顾;有的人辜负朋友恩义,出卖朋友,甚至有的政治人物,贪污舞弊,置国家社会的安危于私人利益之下,可谓良知良能丧尽。

良心是人之根本,一个人将来为善为恶,都是从心地根本出发。良心就是致良知，有良心的人，说的话、做的事，与人相交处事，都能本诸良知，如此必不会错到哪里去；如果没有良知，则前途堪虑。所以，一个人宁可没有金钱、官位、权势，但不能没有良心；一个人，他可以对不起别人，甚至做错了事，都有方法补救，但是对不起良心，就很难救药了。

人，彼此相依相存，如果自私自利，也是缺少良心。良心也如温度计，气温如何，用温度计量量看；做人做事，也要摸摸良心，量量自己待人有无亏欠否？

在医学界，每位医师从医学院毕业时，都会宣读《日内瓦宣言》："吾必本着良心与尊严而行医，吾最关心者，为病人之健康。"所以当医生也是一种良心事业。

木匠业的祖师爷鲁班，有一次做了一个木头人帮着锯木，这事被离他而去的徒弟王恩看见，便悄悄地丈量师父所做的木头人，依样制作了一个。可是他所做的木头人却怎么样也动不起来，没有办法，只得硬着头皮回去请教老师。鲁班听完王恩的说明后，问："尺寸都量对了吗？""量对了！""量头了没有？""量过了！""量脚了吗？""量了！"最后，鲁班若有所悟地问道："噢！你大概没有量（良）心吧！"王恩漫不经心地答道："对！我就是没有量心。"鲁班沉下脸来厉声地说："王恩，没有良心的人是不能成事的！"

良心是指善良之心、仁义之心。中国儒家有"性善"与"性恶"之说；佛教主张人人有佛性，佛性就是良心。良心人人本具，只是忘失，需要找回。有惭愧心的人、肯认错的人、懂得感恩的人，都是有良心的人。有良心的人，做事之前，必先摸摸良心，问问看这么做是对或不对，千万不能昧着良心，事后再来追悔，往往为时晚矣。

本来面目

　　在美国的阿拉巴马州有一条法令规定：星期日上教堂，不能化妆，不能戴假发，要以"本来面目"去见上帝。

　　说到本来面目，世间，君子有君子的面目，小人有小人的面目，忠臣有忠臣的面目，奸臣有奸臣的面目。舞台上，唱戏的演员一出场，从他的脸上扮相，就可以知道他是饰演好人，还是坏人的角色。

　　人可以掩饰自己的面目，但伪装的面目必然经不起时间的试炼，还是本来面目才能经得起考验。佛教徒的修行，就是要识得自己的本来面目，所谓"若人识得娘生面，草木丛林尽放光"，一句"父母未生我之前是何面目"，禅师们花费数十年的时间寻找这句话的答案，也难以满意。

　　但是，世间有一些人很容易被外界误解，因而扭曲了他们的本来面目；拥戴、邀宠、毁谤、批评、嫉妒，都能掩饰他人的本来面目。所以，人要见到自己的本来面目很难，要认识他人的本来面目，也不是容易的事。

玄奘大师因《西游记》被丑化成胆小如鼠、遇事畏缩不前的人，但真实的玄奘大师是中国人的光荣，他在西行求法途中，历经八百里流沙，一路跋山涉水，备尝艰辛，他展现出艰苦卓绝的精神毅力，他是第一个把中华文化宣扬到海外的使者，甚至因为他的《大唐西域记》，使得受到回教和印度教入侵而毁灭的印度八大佛教古迹得以重现人间，这样伟大的一代大师，却被《西游记》扭曲了本来面目，所以现在有人重编《玄奘西行记》，希望重树大师的形象。

其实，大自然的一切也都有它们各自的本来面目。提倡环保的人认为绿色才是大地的本来面目，清净的溪流才是河水的本来面目；从事社会服务的人士，认为和谐友爱才是社会的本来面目，公益道德才是社会的本来面目；提倡人间教化的人，认为每个人诚实、慈悲、平和，才是人间世事的本来面目。

灵云志勤禅师说："三十年来寻剑客，几回落叶又抽枝；自从一见桃花后，直至如今更不疑。"苏东坡说："不识庐山真面目，只缘身在此山中。"假如我们能够找到自己的真心，那就是本来面目了。

如果

　　"如果"是假设之词，如果把它用在对未来事情的期许：如果我努力做事、如果我勤奋读书、如果我多做善事，将来就会如何如何，这未尝不好。但如果只是用来幻想、追悔往事，则大可不必。

　　如果项羽当初能听从范增之劝，又何致于有后来的乌江自刎？如果诸葛亮听从刘备的话，不重用马谡，街亭就不会失守，蜀国江山也不必然就会被曹魏所统一！

　　这许多对往事的假设词，表示事实永远不会如此，因为历史是不容许有如果的；如果已经成为过去，永远不会再来。

　　现在一些年轻人，用如果做幻想：假如我是张忠谋，假如我是王永庆……；可惜你只看到张忠谋、王永庆的成就，你没有看到他们当初艰辛奋斗的过程。

　　看事，不要只看如果，要看原因；有原因，才有结果。当然，我们也可以说，对过去的事情我们说"如果"，这是对现在的提醒；现在的事情假如要说"如果"，这是对未来的展望。

如果被囚禁牢狱的人说：如果当初我没有误入歧途，而去做好事、说好话、存好心，我也就没有今日的结果了。贫穷的子弟也可以想：如果我年轻的时候就懂得努力向上、勤劳做事、公而忘私，就不至于今日在这里怨叹"如果"了。

"如果"可以成为带动的力量，也可能是一种推诿。如果我用功，我也能金榜题名；如果我勤劳，我也能发财。可惜你没有因，就没有"如果"。

英国首相丘吉尔，在一次质询会议中，遇到一位强悍的女议员对他破口大骂："如果我是你的太太，我一定会在你的咖啡里下毒！"此时全场肃然，大家都担心丘吉尔不知将如何应对。只见丘吉尔不慌不忙地说："如果你是我太太，我一定将此咖啡一饮而尽。"

"如果"是"事后的诸葛亮"，人做"事后的诸葛亮"没有用，你想到"如果"，就应该播种如是"因"。在《法华经》中有"十如是"，说明有如是因，才有如是果。胡适说："要怎么收获，先怎么栽！"当你播下了"如果"的"因"，还怕你所期待的"如果"不能如愿呈现吗？

辩论

孟子说："予岂好辩哉，予不得已也！"可见辩论有时也是不得已的事。

所谓"真理愈辩愈明"，西藏喇嘛从小学习辩经，印度的佛教论师也时有论难之事，都是辩论。现在的公共政策，也要举行辩论、举行公听会、举行公投，这不但是个人意见的表达，也是希望透过大众的辩论，成为定案。

辩论本来是好事，所谓要把道理讲清楚、说明白，故不得不辩也。但现在也有的辩论不讲究真理，只讲究立场，讲究谁有权，谁就有理。例如司法本来是最公正的，法官审判，不管谁的地位高低，"王子犯法，与庶民同罪"，但一些法官有时候收受贿赂，硬是昧着良心，歪曲事实，内中让金钱作祟，就如现在律师界的行情，谁出高价，谁的官司就有胜算，可见"理不如法，法不如权"了。

现在一到选举时刻，候选人的选举对决都要搬上电视台辩论大选，更是举行电视辩论会。但辩论的结果，选民不一定照着政见发表及公共政策来选举候选人，仍然是以情绪、好感来决定投票的对象，所以"理不能胜人，人不能胜情"也。因此，若要为辩论做裁判，由于角度不同、所见不同、立场不同，也难有定论也。

庄子和惠施同在河边游玩赏景，庄子看到游鱼在水中嬉戏，不禁大喜，指着鱼对惠施说："你看，水中之鱼，何其快乐！"惠施说："子非鱼，安知鱼之乐？"庄子一听，反问："子非吾，安知吾不知鱼之乐。"

林肯和对手竞选总统时，在一场公开辩论会中，对方举出诚实、信用、勤奋，将来才能到天堂去，他问大家："你们要到天堂去吗？要去的人请举手"。全场大众一致举起手来，只有林肯如如不动。对方这时志得意满地问："林肯先生，你不到天堂去，请问你要到哪里去呢？"林肯不急不徐地说："我要到国会去！"大众闻言，鼓掌欢呼，同声叫好。林肯因为一句机智幽默的话语，赢得民意，也顺利坐上总统宝座。

说到"真理愈辩愈明"，其实真理也无须辩论；不须经过辩论的真理更是真理，因为这是大家所公认的。例如：如是因，招感如是果，需要辩论吗？一切事都需要因缘才能成就，需要辩论吗？宇宙万有，成者必败，苦空无常，需要辩论吗？勤能致富，孝而齐家，需要辩论吗？所以，当辩论的时候要辩论，不需要辩论的时候，最好就让"真理不辩自明"吧！

旁观者

中国台湾二千三百万人，大陆十三亿同胞，仔细想来，大多数人都是"旁观者"。

街头上偶有事故，吵架、相骂、械斗，四周马上围满旁观者；打牌、下棋，旁边也聚集许多的旁观者；失火、溺水，一样随即引来无数的旁观者。

中国人的民族性是喜欢做旁观者。遇有事情，不了解事实真相，批评、闲话的旁观者很多；发生灾难危困之际，躲在远远的地方当旁观者，也大有人在。尤其某些中国人移民到海外，不乐于与社区的民众往来，连外籍人士都知道，部分中国人性喜旁观而不喜于参与。

反观欧美人士，一场球赛，多则数万人观赏；教堂的集会，动辄数百人参加；一个儿童走失了，多少村庄、县市，共同动员协寻。尤其不久前，一只飞鸟被一名小孩用箭射中了，但仍然飞行逃生，全美的报纸、电台，一致加入报道、呼吁，发动全国人民要保护这只小鸟；曾经在电影《威鲸闯天关》中演出的杀人鲸威利，一度感染肺炎，美国千万人发心捐款，合力拯救，复原后，又以专机把它从奥勒冈州送回故乡冰岛。欧美人士对于社会公益，都是争相参与，都要表现出急公好义的精神，他们不愿做旁观者。

台湾地区，现在也日有进步，大家喜欢做义工，表示大家还是希望把自己融入社会中，与别人建立共同的关系。但是现在的义工，还是各有自己的立场，各有自己的所爱，不能普遍做到"老吾老，以及人之老；幼吾幼，以及人之幼"。

现在台湾地区也有同一诉求，同一利害的人相结合，如游行示威，为了私利，各种共同的抗争，甚为流行。我们希望，与我无关、无缘者，只要是情义所在，我就应该挺身而出。古代的侠义之人，一直为我们所景仰崇拜，不就是因为他们急公好义吗？

中国有一句话说："当局者迷，旁观者清。"这也不是必然的定论，社会上出现一些状况时，"当局者清，旁观者迷"不也是常有的事吗？因此希望我们的社会人士，大家不要逃避责任，不要袖手旁观，不要隔山观虎斗，"鹬蚌相争，渔翁得利"的事毕竟不多了，大家要勇敢地站出来，"人之所好而好之，人之所急而急之"，到改变不良的民族性格的时候了，希望旁观者要能觉醒。

官僚

官僚，无论是在专制时代，还是在民主时代，到处都有。有的因为喜欢打官腔，成为官僚；因为喜欢打官腔，被人指为官僚；有的因为喜欢摆架子，很难不被归为官僚之流。

有时候展现自己的实力，人家也称他官僚；有时候前呼后拥，显出官威，也是官僚。但也有的官没有官僚气，他亲民、爱民，深入民间、与民打成一片，很容易赢得平民的尊敬。

世间无论什么事情，只要有官做后台，有官参与其中，结果可能很容易成就。但有的时候，本来是很单纯、很简单的一件事，因为有官的关系，反而不能成功，这就是官在民间扮演的角色，其重要性，由此可见。

在古代，官，代表了权威；官，代表了法律；官，代表了领导者。是成是败，当然皆由官员决定。过去有人说：衙门难进、侯门深似海；就是到了现在民主时代，大官又哪里是人人可以轻易得见的呢？

"只许州官放火，不许百姓点灯"，这就是官僚的作风。李宗吾的《厚黑学》说："脸不厚，心不黑者，难以为官也！"柳宗元的《捕蛇者说》，证之于过去的"苛政猛于虎"，即使只是户政事务所的一个科员、科长，你为了迁移户口，他可以跟你要身份证、印章、户口簿，叫你跑个三五趟才能把事情办好，所以过去有谓：做官者都有"以磨人为快乐之本"的习性。

"公事门中福好修"，能够有这种品格的好官，也不是没有，只是不容易遇到。过去做官的人都称为"大人"，像包拯称为包大人，施公称为施大人；民众则自称"小人"。小人能够爬到上位做了大人，就必须祖上有德，才能够称官。

自古以来，作为大人的好官也很多，像历代的贤臣良将，如萧何、张良、诸葛孔明、赵子龙、魏徵、狄仁杰、郭子仪、岳飞、文天祥、史可法、欧阳修等，这些伟人无不是以天下为己任，所以能留名青史也。

官，用官架子吓人，还是小事；用官势来欺负人，就比较严重；用官威、官力来陷害人，就更为国法天理所不容了。

在做官的人当中，与民众关系最密切的莫如司法，社会公平要从司法官开始，有时候民间有了民事纠纷，打起官司来，成败输赢，就看谁有钱、谁没有钱，所以一般人对于打官司，都知道十打九输，因此造成社会民怨沸腾。一个国家要想国泰民安，必须先从官僚的改变做起，方为有功也！

打折扣

　　"打折扣"是商贾买卖的一种促销手法，意思就是照原来的价钱减价成交，就叫"打折扣"。打折扣是彼此欢喜的好事，所谓一个愿卖，一个愿买。卖的人，打了一定折扣，终于生意成交了；买的人，今天可以买到打折扣的货物，讨了便宜，他也不禁心喜。

　　折扣，并不代表什么，只是业者的一种推销术而已，是消费者一种贪图小便宜的心理，所以打折扣在我们的社会里，就成为商场的流行术语。

　　商场的打折扣我们暂且不论，谈谈我们为人工作，也有打折扣的心理。做工的人，总觉得何必全力以赴，我只要替他尽心做到七八分就好了，甚至在工作的轻重方面，他也尽量讨巧，例如缩短一点时间，减少一点繁重，总想到要为自己赚一点折扣。这种做事喜欢"打折扣"的人，看起来是讨了便宜，其实在东家的眼里看来，他的心里也已经替你的为人打了折扣。

有的人，在做人做事方面，他尽量地求好、求真、求快、求完美，求他的忠诚精神得以表现；有的人，总是能敷衍就敷衍，所谓"得过且过"，这点不用领导人判断，我们自己仔细推敲，就知道自己是胜者，是败者了。

世间的东西，有没有价值，只在于有用、没有用而已。需要用的，应该在原价之上；不需要用，就算打了多少折扣，与自己究竟何益？所以，不用贪小便宜，应该计较使用的价值。

讲话，要讲有价值的话，不要讲没有意义的话，会给人看轻。举凡动作，一举手、一投足，合乎威仪，就有无限的价值；做作、僵硬、不自然，就让人看轻你的价值。微笑，真诚的微笑也有很高的价值；思想，智慧的思想也会有很高的价值，只是看你识不识货，事情本身是不能以折扣去论断的。

一个人家财万贯，富可敌国；讲到道德，人之不喜，这就是在道德上没有价值。一个人善于结缘，到处受人欢迎，而且人穷志不穷，这就不能在经济上跟他论价值，他人格上的价值是崇高的。

国家、社会、个人，我们的价值如何？难道都要用折扣来计算吗？

闲话

闲话，既曰"闲话"，有时是一种废话、空话、谎话，甚至是杂话、脏话、烂话、坏话、假话，所以归纳曰"闲话"。

一句闲话，很好的朋友可能因此结下永世的仇恨；一句废话，本来无事，可能惹下无边的风波；一句坏话，可能破坏了多年建立的同事情谊；一句空话，可能让人看清你的价值多少；一句谎话，可能让人鄙视你的人格，不耻你的为人。

最好的语言，就是不说！然而不说，太过消极。人应该积极地说好话，说善良的话，说慈悲的话，说赞美人的话，说成就人的话。

说到闲话之害，自美国九一一事件发生之后，乘飞机成为令人胆颤心惊的事。有一位夫人，因为在机场苦候误时两个钟头的班机，不禁心急，担心赶不上重要的约会，因此随口附和大众的牢骚说了一句"让飞机炸掉好了"。事后联邦调查局以恐吓罪名拘捕，航空公司则以"虚报炸弹消息"为由提出控告。

你看,闲话的后果怎么能说不严重呢?

曾经任职于英国皇家的一名女侍,一日随口告诉同在厨房工作的同事说:"我可以轻易在女皇的食物中下毒,而且不会被发现。"消息传出后,虽然女侍极力辩称只是随口的一句闲话,仍然被白金汉宫以"言行非常严重的不当"为由解雇,并且锒铛下狱,这也是由于一句闲话而招来横祸。

人,有喜欢说闲话的习惯,闲话必然会惹来不可想象的结果,所以孔老夫子说:不当说的不说,不当看的不看,不当听的不听,这就聪明多了。

一般来说,妇女习惯上比较喜欢说闲话,喜欢串门子的妇女,闲话随口说,是非满天飞。说太多,想的必定很少,所以妇女应该在思想上多多地拓展。

我们看今日的社会人士,聪明的人都是想过以后才开口,愚笨的人则说过之后才回想。想和说应该有先后的次序,先想后说,想好了再说。尤其,一个人应该知道,当说话的时候要说,不当说话的时候要沉默。

说话最大的罪恶,就是说无意义的话,说不知强为知的话,尤其造谣诬人,更是罪大恶极。冷饭冷菜不好吃,冷言冷语令人听了更难受。所以,闲话之外,应该多说实话、真话、有用的话,能说有建设性的话,才有价值。

懊悔

一个落第的青年，穷途潦倒，后来春风得意，青云直上做了大官，邻居就懊悔，当初怎么没有在他苦难的时候助他一臂之力？一个贫穷之家，儿女甚多，食不充饥，衣不避寒，多年来无人闻问。但当这一群孩子在贫寒之家长大，个个立志向上，终于在社会上出人头地，邻居这才懊悔，过去没有给他们一些帮助，不然今日也可以沾光沾光！

看到农夫省吃俭用，把种子播撒到田里，自己大喝大用，等到农夫收成的时候，自己贫无立锥之地，这才悔不当初！自己懒惰，不学无术，好逸恶劳，他人用功苦读，反而笑他读死书，有朝一日，他人学有所成，自己仍然一事无成，只有悔恨懊恼以终。

世间，懊悔的事情很多，如古德说：遇到老师不用功学习，离开了以后才懊悔，有什么用呢？遇到贤能的人不和他交往，等到分别以后再懊悔，又有何用？事亲不孝，到了丧亡以后，想要孝顺也不可能了! 对主人不忠心, 养成习惯, 凡事不顺, 懊悔也是徒然! 见到仁义的事情不肯帮助, 过后懊悔也来不及了! 当拥有钱财的时候不肯布施, 钱财去了, 懊悔何用! 不相信因果, 等到遭受报应的时候才懊悔, 也是于事无补! 佛道不修, 等到大限来时才后悔, 终是为时晚矣!

人, 没有远见, 没有前瞻, 凡事都要等到吃亏上当以后才知道懊悔, 所以圣贤做事都要问心无愧, 以免将来懊悔。

做人, 要做一个不后悔的人。说话, 说了以后不会后悔的话才能说; 做事, 做了以后不会后悔的事才能做。在佛教里, 说到一个有执着的人, 必定会后悔; 一个有瞋恚的人, 必定会后悔, 一个有怀疑心的人, 必定会后悔; 一个贪小便宜的人, 必定会后悔; 一个性格犹豫的人, 必定会后悔。一个勇敢、正直、向善的人, 行事纵有错误, 当后悔的时候, 也容易获得他人的同情。

有一个十三岁的小男孩写信给美国的克利弗兰总统, 信中写着:"亲爱的总统, 我做了一件对不起国家的事, 因为我昧着良心, 用了使用过而没有盖邮戳的邮票, 心中感到很后悔, 我现在愿意赔偿, 请总统先生赦免。"这封纯真可爱的信, 一直被保留下来, 成为白宫里所有信件当中, 最受重视和珍贵的一封。

所以, 坏事不能做, 做了会后悔; 好事要赶快做, 不做也会后悔。我们要将善行、清白留给世人, 千万不要把遗憾、懊悔留在人间。

马年

二〇〇二年是中国农历岁次壬午，十二生肖属于"马"年。

马，天性善良、温和，为人类拉车、载重，是人类最得力的家畜；马，日行千里，传递讯息，是人类最忠实的朋友。所以古人视"马"为世间吉祥贵重之物，是人类的财富之一。

尤其"马到成功"，是一种速度的表征，给予人万般的希望。佛经记载，统治人间的转轮圣王即位时，会自然出现七宝，其中一宝就是马宝。此外，马善解人意、效忠主人，只要主人轻微触动，马就会立即载着主人到达目的，圆满完成任务。甚至与主人战死沙场，也不会畏缩和逃避。中国历代皇室因马而得天下的，不在少数，所以不论是帝王将相，还是百官庶民，只要骑在马上，立刻感到豪气万丈，威风凛然，纵然万马奔腾，也要有一马当先的勇气。

自古以来，马为人类立下的"汗马功劳"，不胜枚举。例如：关云长因有赤兔马，得以雄心万丈地过五关斩六将；玄奘

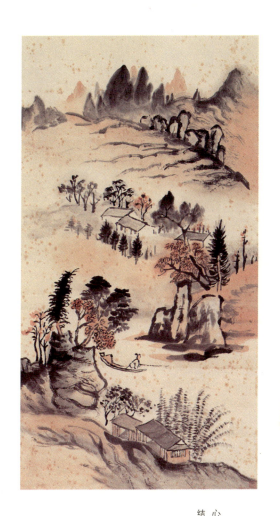

心平气和，乃健康之道；
结缘喜舍，是快乐之源。

春夏秋冬，都是在孕育生命；
慈悲喜舍，都是在成长生命。
生命的意义，不是奔走钻营；
生命的目的，不是一宿三餐。
人的一生，无上的尊严；
人的一命，无价的宝贵。

大师西行取经，横渡八百里流沙，也是识途老马引路，才能一日千里越过沙漠。当初悉达多太子逾城出家，因白马神驹之助，出家修行才能顺利成功；佛法东传中土，西域僧竺法兰与迦叶摩腾以"白马驮经"，东土才得以具足三宝。

在《杂阿含经》里记载，佛陀称赞"马"有八德：第一，品种优秀，姿态优美。第二，体性温良，不惊吓人。第三，不拣精细，以草为食。第四，厌恶污秽，喜好洁净。第五，接受调伏，善解人意。第六，安于驾乘，为人服务。第七，喜行坦道，亦善崎岖。第八，衰残老迈，忠心不变。以上佛陀所开示的良马八德，应让人类有所自觉，我们能如马乎！

马，在人间消费少、贡献大。世间凡是有菩萨行愿的人，都愿意做众生马牛，为众生服务。我们常听到人说："我愿意效犬马之劳"，禅门大德也经常鼓励后辈"要做佛门龙象，先做众生马牛"，世人要向马牛学习，可见马牛的价值比人还高。

语云："马年行大运"。想要好运，没有善缘，怎有好果？马有八德，为人所喜；人若有八德，必为人尊。以上所说，是为马年的可爱也。

逆境

我们生命的成长，要靠许多的逆境来磨炼。当逆境来的时候，正是我们愈挫愈勇的时刻。

植物的生机，是靠和大自然的风霜雨雪搏斗，透过超越风霜雨雪的侵袭，植物才能成长。虫鱼鸟雀，也都是在生命遭受危险的时刻，展现自己的智慧，才能安全生存。一般的动物，弱肉强食，在生命的过程中，也有许多的挫折、挣扎。人虽为万物之灵，人的苦难、委屈、难堪、打击，更有甚于其他的生命。所以，人能成为人中的英雄、人中的好汉、人中的佼佼者、人中的成功立业者，同样地也要付出许多的牺牲、许多的辛苦、许多的代价，才能杰出，才能伟大。

所谓逆境，从儿童开始，寒暑的冷热，身体的病痛；读书时，师长在课业上的要求，父母在生活中的管教，及至进入社会，各种的欺诈瞒骗、声色诱惑，甚至失业、失恋、贫困、冤枉、委屈等，在在都有逆境。

假如我们能够和佛祖对话，问一句：请问您是怎么成佛的？佛祖也会说，他是通过种种的逆境才得以成道！假如我们能和世界的伟人，如政治上的林肯、罗斯福、华盛顿、丘吉尔、戴高乐、孙中山、毛泽东等人，甚至企业家王永庆、刘泰英、沈庆金、林百里、徐有庠等，问他们是怎么成功的？他们也会告诉我们，是经过多少逆境才有今日的成就。

其实孟子说得好："天将降大任于斯人也，必先苦其心志，劳其筋骨，饿其体肤，空乏其身，行弗乱其所为，所以动心忍性，增益其所不能。"这就是告诉我们，逆境是顺境的因，逆境是顺境的增上缘，在逆境里要能够积极向前，能够自我成长，能够如如不动，不如此，不能成功。

太阳伟大，太阳碰到了乌云，光明也不能显现；云朵飘飘，但是遇到了强风，它也不能潇洒地舒卷。你怪公婆不慈爱，要求太多，可能那是公婆在帮助你成长；你养的儿女不乖、不孝顺，这都是要你做伟大的父母。秋菊要经过寒霜的洗炼，才能显出它的娇美；寒梅要经过冬雪的侵袭，才更能散发它的芬芳。现代的年轻人，因为承受不了逆境的挫折，通过不了逆境的关卡，遇到逆境就想逃避，就想后退，遇到逆境就忘记初心，改变目标，如此不能与逆境搏斗的人，品种不好，如果寄望他将来有所成就，恐也难矣！所以在人生的旅途上，唯有屡败屡战的人，才能成功。

高楼

　　现代的都市都是靠高楼来代表它的雄伟壮观，现代人也都以拥有高楼和汽车来代表他的身份，因此一般住平房的人，莫不羡慕别人住高楼。其实"高处不胜寒"，住高楼也有缺点，遇到电梯故障、空调不灵、突然火灾等，高楼的日子就不好过了。甚至有的人还到高楼上跳楼自杀，正是所谓"爬得高，跌得重"。

　　高楼是现代化的象征，代表着富有、繁荣，同时也代表权利、地位。高楼林立，则是现代都市的景观，因此有"都市丛林"之谓。只是这个丛林里并没有芬芳怡人的花草树木，有的只是硬邦邦的钢筋水泥，住在里面的人，每天面对着坚硬冰冷的墙壁，养成的性格也是刚硬冷漠的。因此许多人即使对门而居，平时见了面也是形同陌路，甚至老死不相往来，所以现在住高楼的人，哪有过去农村时左邻右舍互相你来我往、鸡犬相闻的热闹呢？

古人说："欲穷千里目，更上一层楼"，高楼虽然可以登高远眺，的确扩大了我们的视野，但高楼文化却疏离了人际之间的感情。看到那些见面互不招呼，只是大眼瞪小眼地匆匆擦身而过，或是神情木然的、专注想事情的人，就会发现，住在高楼也不是幸福的事。

俗云："饱汉不知饿汉苦"，台湾地狭人稠，高楼虽然增加了不少的居住空间，但社会上还是有不少的"无壳蜗牛"，他们居无定所之苦，绝不是一般住在高楼的大官们所能体会的。就如一位住在高楼的富商打开窗户，看到窗外的雪景，不禁诗兴大发，于是吟起诗来："大雪纷纷满天飘"。孰料站在高楼下的一位乞丐一听，感叹低吟："老天又降杀人刀"。高楼的富商又吟道："再落三尺方为景"。乞丐不禁悲从中来，对道："我辈怎得到明朝"？

其实我们也不必羡慕高楼，万丈高楼平地起，基础不稳固的高楼，地震时左右摇晃，也让住高楼的人恐慌惊惧，所以高楼也要有高楼的基础。佛法里有一个"三层楼"的故事，一位富商要建一栋三层楼房，但他不要建第一层、第二层，只想建第三层楼，这种没有基础的空中楼阁，只是一个梦想，不切实际。

高楼里面，营造了豪华的生活，也包藏了很多的罪恶；高楼外面，多少的风霜雨雪，但也有非常宽广的远景。希望住高楼的人，要有看得远的胸怀。人生不是只有这里，还有那里；人生不是只有低处，也有高处。甚至住在高楼上的人士，即使你看尽了人间的车水马龙，饱览了人间的世态万象，但是你朝天空一望，天无边际。所以用高楼来比喻人生，一层楼高的人生，觉得所居有限。假如有高楼的人格，胸怀法界，心宽无边，对人间的一切人、一切事，都有另外一个更高的想法与看法，那么人间将会显得更加的美好！

余地

家中土地很多,留一点余地给未来的子孙建筑;家里的钱财很多,留一点余钱给社会大众使用。

画家画一幅画,他一定要把留白算在其中,才是好画;印书,天地格、左右空白,你不能印满,总要留一点余地;做衣服,同样颜色的布料留个一小块,以防衣服破旧以后,可以拿出来缝补;高贵的家庭,三餐煮饭,总要多煮个一二碗,准备随时有不速之客来访。

预留一些余地给人,别人总是欢喜的!讲话,不要讲得太长,留一点时间给别人讲;建筑法中的建蔽率,只准你盖百分之四十、百分之六十,就是要你留些余地给阳光、空气、庭园,才能增加生活的品质。

我们身体上的器官,也是非常的奇妙,因为所有器官的布局,都留有余地。两个眼睛、两道眉毛,分布在额头的两边,对称而不会重叠;两个耳朵也是分别长在头的两侧,大小、高低不差。你再看，四肢、五官、七孔，也都分得非常均匀，所以我们生来都留有余地，故能增加美感。

"余"真是一个好字，行善之家庆有余，三世传家能有余。家有余粮，日子好过；日有余用，表示生活富有。人生，从小就要想到结余，平时有结余，还怕老来无所依吗？

登上高台，得留梯子，才能下得了台；人情能够留一线，日后也才好相见。现在世间的建设，即使高速公路也都留有中间的安全岛，两边也有路肩，甚至有战备车道，以防不时之需。

计算机档案的资料要备份，以防计算机死机；房屋的钥匙要多打造一把，以防遗失。树与树之间，要留有间隔的余地，才能长得更大；人与人之间也要保持距离，才能减少摩擦、纠纷。

一般雕刻家在塑造人物时，总是鼻子大、眼睛小。因为大鼻子可以变小，小眼睛可以放大，这是雕刻的秘诀。人生在世，在处理事物方面，难免会有估计错误的时候，太过于刻板的严密计划，是导致大错的根源，凡事还是要预留"修正"的空间。尤其在待人接物时，话不可说满，事不可做绝。预留余地，才有回转的空间。

烦恼

我们的身心里有多少烦恼，你曾经算过吗？笼统来说，有八万四千烦恼魔军。

烦恼的统帅就是我们自己，"我"的下面有六个军团的司令——贪、瞋、痴、慢、疑、邪见，它们各自领导了一群啰喽小卒，恼害我们的身心，也恼害他人和社会。

烦恼这个东西是非常的可怕，好像火焰要烧毁自己，要让所有的善美功德都不存在。烦恼又像盗贼，抢劫我们所拥有的一点功德法财；它像凶猛的恶浪，要让我们和它同归于尽；它像一田的杂草，让我们心田里长出的善苗，不能顺利成长。

烦恼是心与境接触后所产生的情绪作用。平时由于我们的眼、耳、鼻、舌、身、心，专好和外面的色、声、香、味、触、法勾结，一有勾结，就会产生出贪、瞋、痴的烦恼。因此，要想消除这许多烦恼，先要斩草除根，把统率烦恼的主帅捉拿。所谓"要学佛法先无我"，"无我"并非是要毁灭我们自己，"无我"

是要我们"转识成智"，例如转贪心为喜舍、转瞋心为慈悲、转愚痴为慧心、转假我为真我、转小我为大我。

当然，凡夫都有烦恼，但一些有信仰、有修养的人，则把烦恼降到最底。你是烦恼人吗？以下告诉你一些消除烦恼的方法：

第一，结交善知识的朋友，不要和烦恼人来往。

第二，常常责备自己没有出息，惭愧自己怎么会有那么多烦恼？只要你能生起正念，烦恼就会消失无踪。

第三，待人亲切，主动对人微笑、说好话，让别人赞美你、欣赏你，就会有力量消除烦恼。

第四，经常设身处地为别人着想，能够以宽容、体谅的心对待别人，自然减少人我是非，烦恼也就无由生起。

第五，发心工作，让自己忙碌起来，这是减少烦恼的良方。

第六，有了烦恼，能够自省改过，这是最勇敢的人。

"无烦无恼心自在，喜乐生活风光好。"烦恼并非一定都是从外境生起的，有时是庸人自扰。一般说来，具有喜悦性格的人比较容易排除烦恼。当一个人受到委屈、打击时，能够想得开、放得下，面对苦难时不烦恼、不怨恨、能担当，自己能做自己的工程师、医生、雕刻师，自然能在无烦无恼中安住身心。

汽车

　　人有一双脚用来走路，但数里外的目标，总想能有一辆脚踏车代步，多方便！有了脚踏车，又想摩托车较快，有一辆摩托车该有多好！有了摩托车，又想两个轮子很危险，若有一辆汽车更好。有了汽车，国产的看不起，觉得它跑不快、不好看，要国外的名牌车，拉风、有派头，能有辆名牌车那就太好了。

　　无车的人羡慕有车的人，有了车，停车不放心，怕被偷、怕被碰撞、怕被毁坏，甚至还一度传出因为拥有名车而遭绑架勒索者为数不少，最后不放心，把名车卖掉，回到没有车的日子，感觉很轻松。

　　车子的功能是为了代步、承载，有了车，需要保养，需要有停车场，而且要加油，有时还要比较谁的车好，谁的车差，天天为这车挂念。汽车虽然方便了行走，却增加了心里的挂碍，甚至半途抛锚了，正是"汽车，气死人也"。

　　汽车，虽然带来挂碍，甚至有时候因为驾驶不当，也会发生车祸，为人生带来灾害。但是汽车毕竟是代步的工具，它提高现代人的生活品质，它也可以作为流动的学校，可以争取时空，增加人文、地理、历史等知识。

汽车是时代进步的产物，缩短了人际与时空，实在有它存在的功能与需要。但是，人不要为了虚荣买车子，不要为了兜风买车子。尤其不要在酒后开车，时下有一些青少年，总喜欢在喝酒后带女朋友开车兜风，往往造成终生憾事。

现代人乘坐汽车，也应该注意乘车礼貌，例如上车时晚辈先上，下车则让长辈先下。驾驶汽车的人也要注意开车细节，例如到了斑马线、红绿灯、转弯时，要减速慢行。开车时，要让坐车的人不觉得你在加速，不会偏左偏右地随便变换车道，这才是开车的高手。

有一出租车司机，别人开五年的车就要汰旧换新，他的一部车可以开十年，因为一般人在停红灯时，总是在靠近时才猛踩刹车，而他懂得在远远的地方就放慢速度，等靠近红灯，车速也慢下来了。尽量减少猛然刹车的机会，就能保持车子的性能，延长车子的寿命。

中国人向来以美食闻名，不但以饮食征服了全世界，尤其现在全世界的计算机，三分之二来自中国，更是扬眉吐气。过去美国以武器征服了日本，日本则用汽车征服了美国，在美国到处可见开着日本车的人，可见汽车的威力也不容小觑喔！

生气

生气是从瞋恨心发起的,生活中遇到忤逆的时候,遇到受伤害的时候,遇到受委屈的时候,就要生气。

人一旦生起气来,往往失去理性,对别人没有一点尊重,没有一些包容,只有尽量给人难堪,尽量批评别人。还有一种人,见到人家好、见到人家善、见到人家美,他也要生气,那是由于嫉妒心,由于不喜欢别人比自己好,所以生气。

瞋恨心、嫉妒心,都是要毁坏对方。每见到生气的人争论起来,都是各说各话,谁也不肯听对方讲话,只有自己大肆批评别人,而且愈说愈生气。

气,有新鲜的空气,有污浊的空气;生气当然不是新鲜的空气。生气的样子难看,生气的语言难听,生气的人就好像全身都散发出臭气、毒气、酸气、火气,令人不敢靠近。

有人说:宁可和讲理的人吵架,也不和好生气的人讲话。生气,不但伤害别人,同时也伤害了自己。俗语说:气!气!气!

气坏了自己没人替。

最容易生气的人，就是夫妻双方，因为有爱，爱得不同，爱得不对，也会生气。你看，夫妻一生气，常常就要掼碗盘、摔桌椅，其实碗盘、桌椅也没有对不起他，可他就是要用掼东西来出气。

人一生气的时候，什么不当的话语都说得出口，什么不好的旧账也统统翻得出来。生气，就好像人家说的臭茅坑，臭味难闻，臭不可当。生气是破坏性的，就好像台风来时，不但树木花草受到蹂躏，就是人畜也会受到威胁。尤其生气的语言，不管旁边有什么人，都会受到风暴所波及。

其实，假如一个稍有修养的人，在生气的时候更要保持小声说话，保持平静微笑的样子，就能抗拒生气。要生气了，不要给人知道，找个适当的时候离开现场，到外面透一下空气；即使生气了，能慢半拍，等于唱歌，音乐的节奏你跟不上节拍，可能调门就不一样了。或者你真的有修养，想到忍！忍！忍！忍一口气，不就风平浪静了吗？

生气的人都认为自己有理，其实生气都没有理由，不生气的人才有道理可讲。生气的时候假如有勇气，到镜子前揽镜自照，看一看自己的模样，或者走到观音菩萨座前，称念"南无观世音菩萨"，心中的一股闷气自然就会烟消云散了。

生气是没有用的，当生气时，可以自问：我到人间来，就是为了生气的吗？当然不是，我是为欢喜而活着的！当慈悲心、欢喜心一生起，还有什么事看不惯而值得生气的呢？

华灯初上

　　灯，代表光明；灯，给人安全之感。灯是黑暗的明星，愈是阴暗的地方，愈需要灯光的照明。

　　华灯初上，过去指的是繁华的大都市里五光十色的霓虹灯；华灯初上，令人联想到夜幕低垂，令人联想到纸醉金迷夜生活的开始。

　　华灯初上，正是倦鸟归巢的时候；华灯初上，给上班族的人有回家的温暖感受。但是另一方面，华灯初上，也是群魔乱舞的时候，许多偷盗、抢劫，甚至设计害人的勾当，都是在夜晚华灯初上，甚至夜深人静的时候发生。

　　天黑了，总让人内心比较脆弱，怕黑的人尤其不欢喜黑暗。黑暗的夜晚，甚至容易生病。你听，华灯初上以后，救护车的声音，听起来格外地令人惊心动魄。

　　华灯初上，上班族的人最欢喜，因为可以下班回家了；流浪汉则害怕夜幕低垂，因为更增加无家可归的落寞。所以每一个人环境不同，对华灯初上的感受自然有别。

陶渊明诗云："三旬九遇食，十年着一冠"；"造夕思鸡啼，及晨愿鸟迁"。这是形容穷苦人的生活。所谓"饱汉不知饿汉苦"，有光明庇荫的人，自是难以体会黑暗的难堪！

一般人的职业，大都是在白天工作，到了华灯初上便是下班休息的时刻。但也有的人，白天睡觉，华灯初上以后正是工作的开始。例如警察巡夜、清洁工打扫街道、报社记者撰稿，以及一些夜间为人服务的工作者，如医院的夜间值班医护人员等。尤其寒风萧飒的夜晚，站岗的夜哨，如海防人员，以及偶发事故时漏夜抢修电讯的人员，更是令人钦佩。

白天的工作都是集体创作，夜晚大都是挑灯夜战。孤灯下，夜读的学子，以及夜深人静时把笔急书的作家，他们争取时间，都在为人生的理想发展而奋斗，可见得华灯初上以后，有的人做坏事，有的人也在做好事。

历代以来的战争，大都是在深夜偷袭，或是破晓出击，所谓三更起床、四更造饭、五更出发。我们但愿华灯初上，能为人间带来温馨、平和；我们不希望华灯初上以后的战斗和恶事！

武断

　　武断就是人的刚愎自用，历史上，亚历山大、希特勒，都很武断，他们以为自己可以征服天下，最后却被天下给征服了。日本军阀东条英机首相，认为三个月之内可以打败中国，但打了八年，最终是日本无条件投降。

　　武断就是独裁、专制，现在世界上的国家之中，实施独裁专制的政体，还是很多，但这些都是冰山的一角，倒台的时候必然是非常的凄惨。秦始皇雄才大略，但就是因为太过武断，国家提早灭亡了；宋襄公标榜仁义之师，但他不能审时度势，不听群臣劝谏，执意与楚军一战，结果兵败身亡。

　　台湾地区的青果大王陈查某，曾经在青果界叱咤一时，具有呼风唤雨之能，真是不可一世，然而时过境迁，而今安在？十信的蔡辰洲，虽然有国泰的背景，但自己长袖善舞，太过武断，当高山倒塌的时候，谁又能救得了他呢？

　　武断的反面就是民主，就是众议。民主是时代的潮流，是民心之所向。一个国家，有武断的领导人，集大权于一身，往往不能广开言听，形成威权政治。所幸"君教臣死，臣不敢不死"的时代终于过去了，但一个团体、一个家庭，如果当中有武断的分子，则这个团体、家庭，也就不得安宁了。

佛教的僧团，称为"和合众"，凡事有他共住的纲目，有着共同相处的要领，不希望有某一个人主观的武断。就连佛陀也经常说：我是众中的一个。佛陀说法时，他每说完一个道理，都问弟子："于意云何？"可见他重视大众，问大家的感受如何。佛陀虽然对真理下了独一无二的定论，但他在说明其理时，都问大家：你们以为怎么样呢？佛陀的"三周说法"、"三转四谛法轮"，都是佛陀对真理民主的宣誓。

《战国策》里，齐王为了广纳谏言，下令说："能面刺寡人之过者，受上赏；上书谏寡人者，受中赏；能谤议于市朝，闻寡人之耳者，受下赏。"结果"令初下，群臣进谏，门庭若市；数月之后，时时而间进；期年之后，虽欲言，无可进者。"因为齐王的一切，都依众议而为之了。这就是说，只要自己在朝廷做好，何惧外人不尊重呢！

强人政治固然很好，但强人犯错，那就无法收拾了！所谓"武断自己之事，为害犹浅；武断众人之事，招祸实深。"实可为领导者戒！

渐冻人

现代有一些人，因为不满现实，就异想天开地寄望科学，希望能把自己冷冻起来，过个三五十年再解冻，重新做人。

其实，你再仔细一想，三五十年后，你的父母、朋友都已经去世了，你的玩伴、你的习惯都已经不一样了，你再活过来，又有什么趣味呢？

现在的医学上，真有一种罹患运动神经元疾病的人，称为"渐冻人"，患者会从五官、四肢，乃至全身各部位渐渐失去行动、说话的能力，最后甚至连呼吸都必须借助医学上的器材，才能维持生命。

一个渐冻人，口不能说话，手不能动，脚不能走，所以想什么都不能表态的时候，这种人不是生不如死吗？

不满现实的人，要做冷冻人；不得已的身体萎缩，成为渐冻人，都还罢了，倒是一些很健全的人，在心态上或者表情上也像是一个冷冻人或渐冻人，这就不值得效法了。

你看，现代的人群里，多少人的脸上失去了微笑的能力，每天拉长着脸，好像别人欠他什么，或者什么地方得罪了他。有的人有口不讲话，尤其不善于讲好话，哪怕你是金丝雀，你有再好听的声音，但你不肯表露，人家也会把你当作一只小麻雀送进烤箱里。

有思想，就是不开通；有心灵，就是不容易受感动，缺乏同情心，和人相处，冷漠以对，甚至形同陌路，这一种人就算活着，也如行尸走肉，给予他的名字，也是"渐冻人"。

佛陀在《阿含经》中提到"五种非人"：该说时不说、该笑时不笑、该做时不做、该欢喜时不欢喜、该赞美人时不赞美人。所谓"非人"，不也就是"冷冻人"吗？

现代的人为了速度，用汽车代步本来很好，假如没有汽车，就不肯走路办事；手本来可以做很多事，但用遥控器习惯了以后，没有遥控器他的手就不知如何举措；口本来是用来说话，但当扩音器用惯以后，没有扩音器他就不肯说话；眼睛是用来看东西的，眼镜戴久了，假如没有眼镜，他就不肯看，这许多不都是物质进步了，反而让自我退化了，终于把自己成为一个"渐冻人"。

国家与国家之间，外交关系陷于交恶，我们可以使两国外交解冻；两个朋友有了仇隙，他人也可以为其解冻。可是，我们自己的毛病、缺点、冷漠，我们如何为自己解冻呢！

以舍为得

　　"舍得"、"舍得"，以"舍"为"得"！这其中的因、缘、果之关系，如果我们不能了然，就不容易明白"以舍为得"的妙用。

　　在田地里，没有播种（舍），哪里有收成（得）？对于亲戚朋友，你不先跟他们往来，平时没有送礼致意，怎么能获得他们的回礼相赠呢？

　　舍，看起来是给人，实际上是给自己：给人一句好话，你才能得到别人也回你一句赞美；给人一个笑容，你才能得到别人也对你"回眸一笑"！"舍"和"得"的关系，就如"因"和"果"，因果是相关的，舍与得也是互动的。能够"舍"的人，一定是拥有富者的心胸。如果他的内心没有感恩、结缘的性格，他怎么肯"舍"给人，怎么能让人有所"得"呢？他的内心充满欢喜，他才能把欢喜给你；他的内心蕴藏着无限的慈悲，他才能把慈悲给你。自己有财，才能舍财；自己有道，才能舍道。

有的人心中只有贪瞋愚痴，他给人的当然也是贪瞋愚痴。所以我们劝人不要把烦恼、愁闷传染给别人，因为"舍"什么，就会"得"什么，这是必然的因果。

中国民间有一个故事，父亲乐善好施，经常给人，却反而家财万贯，可惜他的儿女性情贪吝。等到父亲去世之后，儿子掌权，千方百计地搜刮别人的财富，最后天灾人祸，家遭不幸，反而一无所有。这父子二人，一给一受，其结果得失有如天壤之别，所以"以舍为得"，诚信然也！

舍，在佛教里就是布施的意思！布施，就如尼拘陀树，种一收十、种十收百、种百可以结果千千万万。所以我们在世间，希望长命百岁、荣华富贵、眷属和谐、名誉高尚、身体健康、聪明智慧，先要问：你有播下春时种吗？否则秋天怎么会有收成呢？

"舍"，要能以慈、以利，亦即要能给人善法，要能给人利益。《四十二章经》说："仰天吐唾，唾不至天，还堕己面；逆风扬尘，尘不至彼，还坌己身。"施舍亦如送礼给人，如果我们所送的礼物不恰当，对方不肯接受，那就只有自己收回，所以我们应该要"己所不欲，勿施于人"。

我们喜欢冬阳，因为冬阳给我们光热；我们喜欢大树，因为大树给我们阴凉；我们喜欢儿女，因为儿女给我们孝养；我们喜欢朋友，因为朋友给我们帮助。如果太阳、大树、儿女、朋友都不给我们利益，我们怎么会欢喜他们呢？

如果情爱是束缚，你能舍去情爱，自然就会得到自在；如果骄慢是烦恼，你能舍去骄慢，不就能得到清凉了吗？如果妄想是虚妄，你能舍去妄想，不就能得到真实了吗？如果挂碍是痛苦，你能舍去挂碍，不就能得到轻松了吗？所以能舍什么，就能得什么，这是必然的道理。

走路时，不"舍"去后面的一步，便无法跨出向前的一步。作文时，不"舍"去冗长的赘语，便无法成为精简的短文。庭院里的花草树木，如果你"舍"不得剪去枯枝败叶，它就无法长出青嫩的新芽。都市中，如果你"舍"不得破坏简陋的违章建筑，便无法建设市容整齐的现代大都会。

出家僧侣"出家无家处处家"，如果不能割爱"舍"亲，怎么能出家学道？怎么能云游四海、弘法利生呢？古圣先贤"先天下之忧而忧，后天下之乐而乐"，如果不能"舍"己为人，又怎么能名垂千古、留芳青史呢？

佛陀"难行能行，难忍能忍"，因为他能够"割肉喂鹰，舍身饲虎"，所以才能成就佛道；雪山童子为了一句偈语"诸行无常，是生灭法；生灭灭已，寂灭为乐"。因为他能舍身为道，终能如愿得道。

一个人，如果不能舍去陈旧的陋习，如何能更新、进步呢？学佛，就是要"舍迷入悟、舍小获大、舍妄归真、舍虚由实"。所谓"放下屠刀，立地成佛"，放下，就是"舍"，不舍，如何成佛？

总之，以舍为得，妙用无穷。我们要能学习"舍"的性格，金钱物质、知识技能，能将其舍给别人，你必然会得到金钱物质、知识技能。舍给别人好的，会得到好的；舍去性格上坏的，也会得到好的。当我们把烦恼、悲伤、无明、妄想都舍了，自然就会得到人生另外的一番新境界。

附录：
星云大师佛学著作

中文繁体版

《释迦牟尼佛传》

《十大弟子传》

《玉琳国师》

《无声息的歌唱》

《海天游踪》

《佛光菜根谭》

《佛光祈愿文》

《合掌人生》

《星云法语》

《星云说偈》

《星云禅话》

《觉世论丛》

《金刚经讲话》

《六祖坛经讲话》

《八大人觉经十讲》

《观世音菩萨普门品讲话》

《人间佛教论文集》

《人间佛教语录》

《人间佛教序文书信选》

《人间佛教当代问题座谈会》

《当代人心思潮》

《人间佛教戒定慧》

《迷悟之间》(全十二册)

《人间佛教系列》(全十册)

《佛光教科书》(全十二册)

《佛教丛书》(全十册)

《往事百语》(全六册)

《星云日记》(全四十四册)

中文简体版

《迷悟之间》(全十二册)

《释迦牟尼佛传》

《在入世与出世之间——星云大师佛教文集》

《宽心》

《舍得》

《举重若轻·星云大师谈人生》

《风轻云淡·星云大师谈禅净》

《心领神悟·星云大师谈佛学》

《不如归去》

《低调才好》

《一点就好》

《快不得》

《人生的阶梯》

《舍得的艺术》

《宽容的价值》

《苹果上的肖像》

《学历与学力》

《一是多少》

《三八二十三》

《未来的男女》

《爱语的力量》

《修剪生命的荒芜》

《留一只眼睛看自己》

《定不在境》

《禅师的米粒》

《点亮心灯的善缘》

《如何安住身心》

《另类的财富》

《人间佛教书系》(全八册)

《佛陀真言——星云大师谈当代问题》(全三册)

《金刚经讲话》

《六祖坛经讲话》

《星云大师谈幸福》

《星云大师谈智慧》

《星云大师谈读书》

《星云大师谈处世》

《往事百语》(全三册)

《佛学教科书》

《星云法语》

《星云说偈》

《星云禅话》

《包容的智慧》

《佛光菜根谭》